発想工学のすすめ

足したり、引いたり、組み合わせたり

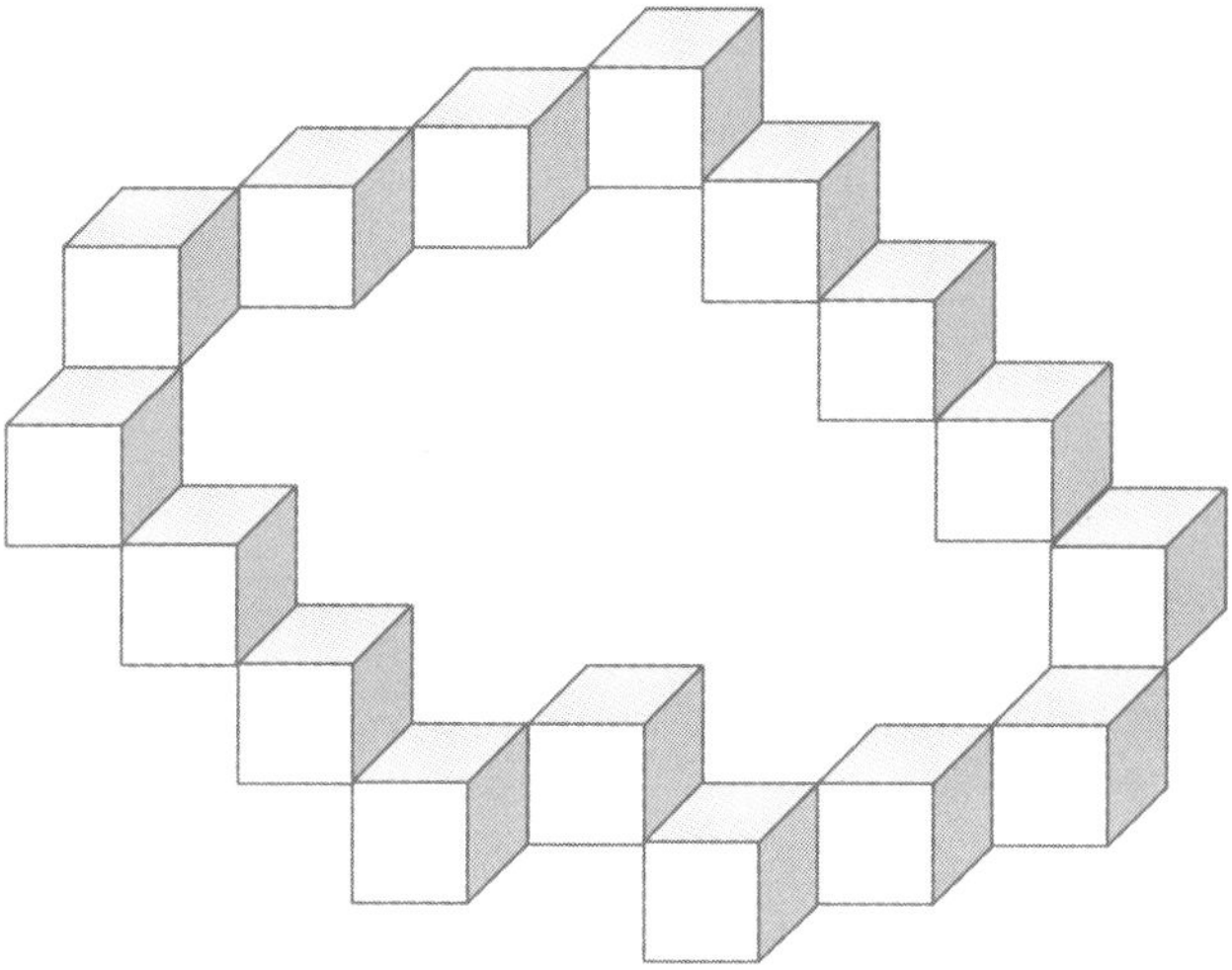

一般社団法人 発明学会 会長
東京発明学校 校長
中本繁実[著]

日本地域社会研究所　　コミュニティ・ブックス

創造することが大好きで、豊富な知識と自慢の特技を活かして、
毎日、笑顔で、楽しんでいる友人に、
「発明はだれでもできる」と、教えていただきました。
それで、一所懸命（！）便利なモノを考えました。
それを第一志望の会社に売り込み〈プレゼン〉をしました。
ところが、形「製品」に結びつきませんでした。
そう簡単には、結果はでない、と思っていました。
でも、どうしてうまくいかないのですか。
その「答え」を教えましょう。

心も、ふところも、夢も大きくするバイブル！
学ぶ楽しさ、知る喜び、暮らす楽しさを体感できる。
「頭（あたま）」と「脳（のう）」が活きる。

頭と体の健康のために脳トレをしよう！
創意工夫を重ねる熱意は、発明者のこだわりが伝わる。
夢や希望を与える。

特許情報プラットフォーム（J-PlatPat）で、
「簡易検索」の体験学習もできる。

はじめに

●つねに特許・発明のヒントを頭の中に入れておこう

車でも、電車でもそうです。スタートするときは、大きなエネルギーが必要です。しかし、その割合に速度はでません。ところが、いったん走りだしてしまえば、たいしたエネルギーを使わなくても、大丈夫です。

新しい特許・発明を考えるときも同じです。たとえば、○○について、ある一つの解決案「答え」を思いつきます。ところが、少し考えている間に、新しさ「新規性」がない、とわかってしまうと、考えることを一カ月も、二カ月も休んでしまう人がいます。

そのうち、友人の特許・発明が「発明コンクール」で入賞しました。……といった、うらやましい話を聞くと、よいしょ、と気合を入れます。そして、また、力がわいてきます。

そこで、○○について考えます。しかし、また、いつの間にか忘れています。それでは、いつまでたっても、入賞につながる小さな特許・発明は生まれません。

だから、短時間でいいです。一日のうち、どこかで、考える時間をつくってください。そして、継続してください。そうすれば、ヒントは必ず成長します。また、他の方面のヒントまで浮かんできます。

そのとき、ふと、頭に浮かんだヒントは、そのときに覚えていても、その瞬間をすぎると忘れてしまい、あとで思いだそうとしてもなかなか思いだせないものです。素晴らしいヒントです。忘れないように、ノート（手帳）にメモを取りましょう。

●いま、○○の特許・発明のレベルは

あなたの豊富な経験や知識、得意なことは、いろんな場面で活躍します。さらに、いいことは、その情報に説得力があります。

私が教えたいことは、こういうことです。突然ですが、質問をさせてください。

ここに、小学生、中学生、高校生、お母さんがいます。同じ新鮮な食材を使って、カレーをつくってくれました。ここで、質問です。みなさんは、５００円払って、だれがつくったカレーを食べたいですか。……、少し考えて、多くの人が、お母さん、と答えるでしょう。

料理はだれでもつくれますよね。歌はだれにでも歌えますよね。カラオケのファンもたくさんいます。

料理が好きな人は、大好きな人においしい料理を食べていただきたいと思います。それで、料理を上手につくりたくて、レシピの研究をします。そして、うまくできて、笑顔になります。その中で、プロの料理人をめざす人は、さらに研究を続けています。プロの歌手になる人もそうです。

では、いま、あなたの○○の特許・発明とお母さんがつくったカレーのレベルを比べてください。お母さんを応援する人は多いですよ。

では、あなたの○○の特許・発明を応援してくれる人はどうでしょう。いま、夢中になっている○○の特許・発明とお母さんの料理の実力のレベルになっていますか。

あらためて、確認をさせてください。チャレンジしているテーマは「□得意（好き）、□不得意（嫌い）」ですか。世の中の「□役に立つ、□役に立たない」ですか、チェックしましょう。

●特許・発明のヒントはどこにでもある

特許・発明はむずかしく、大変だ、と思うのと、特許・発明はやさしく、楽しい、と思うのでは、大変な差になって結果がでます。

一般的なサラリーマンやＯＬの一日のスケジュールです。朝、起きて、洗面をし、食事をとり、満員電車に押し込められて出勤します。そして、一日の仕事が終わると、あー、今日も、一日、疲れたなあーといって、同じコースで家へ帰ります。いや、途中の飲食店で一杯飲むか、赤ちょうちんをくぐるかもしれません。とにかく、最初の一杯がおいしいですからねー、……、じつは、私もその一人です。

では、今日、一日を振り返ってみましょう。その一日の中で、チェッと舌打ちをしたことはなかったですか。ちくしょうとくやしかったことはなかったですか。上司に叱られたことはなかったですか。その他、電車の中で、家の中で自分の意に反したことはなかったですか。周りの人から、グチを聞かなかったですか。

特許・発明のヒントはどこにでもあります。このような不快な出来事がみんな特許・発明のヒントになります。そして、その課題（問題）の中から、快適で、便利に暮らせるモノを考えると、それが、特許・発明につながります。

令和3年2月

中本　繁実

もくじ

第1章

あなたの発明を形「製品」にするために

1．目標は、確実に実現できるモノにしよう

(1) はっきりいえる目標を決め、情報を集めて、研究をしよう

だれだって、お金を貯めたい。……と思っています。

そこで、発明家のAさんに、具体的な目標を聞いてみました。……、私は○○年○○月までに〝100万円〟貯金したいと思っています。その目標は〝2年〟です。

Bさんに、聞いてみました。……、私は○○年○○月までに」〝20万円〟貯めたいです。○○年○○月までに〝50万円〟貯めたいです。

……と答えてくれました。

このように目標をはっきりすることがポイントです。それで、はじめて、それに適した計画がたてられます。それで実行することができます。だから、ぼんやりとお金を貯めたい。……、ではいけないのです。それでは、いつまでたっても貯金はできませんよ。

（２）具体的な目標がポイント

発明の○○の作品をまとめて、形「製品」に結びつけるのも同じです。○○の作品が私のテーマです。知識が豊富で、得意な分野です。市場性があります。図面（説明図）も描けます。「明細書」も書けます。売り込み（プレゼン）は、○○年○○月までに、第一志望の○○会社に提案します。……といえる、具体的な目標がポイントです。

□会社のことを調べる

目標を決めたら、今度は、インターネットで会社のホームページをみてください。そして、事業内容を調べましょう。会社の研究をすることです。それから、○○の作品を、形「製品」に結びつけていただけるように、傾向と対策を練りましょう。

□関連の情報をチェック

次は、○○の製品と比べて、私の○○の作品は、この点がポイントで、素晴らしいです。……といえるように、○○の作品に関連した情報のチェックをすることです。

□先行技術（先願）を調べる

先行技術（先願）を、特許情報プラットフォーム（J-PlatPat）で、調べてください。

その情報を整理して、発明の内容を図面（説明図）に描いて、「明細書」の形式にまとめましょう。

□課題（問題）は簡単に解ける

発明は、学校の科目と違います。大好きで、得意な分野の科目にチャレンジすればいいからです。○○は、大好きでしょう。手づくりで試作品もつくれるでしょう。テスト（実験）をして、不具合なところは改良できるでしょう。……、課題（問題）は、簡単に解けるハズです。素晴らしい結果は、そこにみえています。

□彼女（彼）がいると休日も楽しい

突然ですが、……、今度の休日、どうしようかなあー。……と、悩んでいませんか。

素敵な彼女（彼）がいると、○○でデートをして、その後で、○○に行って、○○をして、……、楽しいだろうなあー。……と考えるでしょう。だけど、それだけではいけません。そうだなあー。……ということはわかっていると思います。でも、ここ、というところは、カッコよく決めましょうよ。休日だけでなく、毎日、楽しいですよ。

（3） 自分の力で、魅力がある作品にまとめると多くの人に受け入れられる

●売り込み（プレゼン）をしたい会社の情報を調べよう

発明の○○の作品の先行技術（先願）を特許情報プラットフォーム（J-PlatPat）で調べるとき、会社で出願をしているところも一緒に確認してください。

特許などの知的財産権に興味がある会社です。また、売り込み（プレゼン）をしたい、第一志望の会社を決めていない、という人は、ここで会社の情報がみつかります。

このように情報を活かすのです。インターネットを使って、会社のホームページをみてください。必ずですよ。すぐに、事業内容を調べるのです。

ここで、確認していただきたいことがあります。○○会社は、新製品を開発するとき、物品の機能的な部分に力を入れているのか、形状（デザイン）に力を入れているのか、……、確認してください。○○の作品の傾向と対策を練ることができます。

私の職場（発明学会）に、町の発明家、読者の方が面接相談（時間は30分・予約が必要）によく来てくれます。遠い人は、手紙で相談（返信切手の手数料が必要）が送られてきます。

そのとき、図面（説明図）と下書きの「明細書」をみながら、○○年○○月○○日までに作

品を完成させます。
……といった具体的な目標をいえる人の発明相談は、夢があります。発明の説明を聞いていて楽しくなります。私まで元気にしていただけてうれしくなります。

★私の目標★

（名前　○○　○○）

年　月　日　（今月の目標・今年の目標）

・作品のテーマ

・知識が豊富で、得意な分野

・発明の名称

・売り込み（プレゼン）をしたい第一志望の会社

・契約金・「ロイヤリティ（特許の実施料）」

このような内容のことを色紙に書いて、いつもみえるところに貼っておきましょう。

●まとめ

発明の○○の作品の図面（説明図）を描いて、「明細書」の形式に発明の内容を整理してください。従来の問題（欠点）は、工夫したところは、発明の効果は、……、個条書きでいいです。同じ分野で、すでに市販されている製品の長所（効果）や問題（欠点）を整理するのです。あなたが考えた、○○の作品と比べることができます。

それから、図面（説明図）を描くのです。大きさ（寸法）を決めて、手づくりで試作品をつくるのです。テスト（実験）をすれば、便利になったか、効果が確認できます。

発明の○○の作品「ロイヤリティ（特許の実施料）」に結びつきます。あなたも、○○の作品は一番だ。最高だ！ ……と思っているでしょう。発明は、そのプロセスを楽しむための手段です。ここで、もう一度、内容の整理をするのです。○○の作品は、大好きなテーマでしょう。自分の力で、課題（問題）を解決したでしょう。夢中になってください。ムリをしなくても、自然体でまとまります。

そして、○○の作品、特許出願中（ＰＡＴ・Ｐ）です（※）。……と書いて、第一志望の会社に、売り込み（プレゼン）をするのです。返事がくるまで、送料の切手代で、形「製品」に結びつく、楽しい夢をみることができます。

※ＰＡＴ・Ｐ（Patent pending）は、特許出願中という意味です。

【メモ・ＭＥＭＯ】大事にしていただきたいことがある

発明の○○の作品の「ロイヤリティ（特許の実施料）」を結びつけるために、一番大事にしていただきたいことがあります。それは、まず、日々の生活を安定させることです。

ときどき、こういう方がいます。

「私は子どもを大学に進学させるための費用を○○の発明の、『ロイヤリティ（特許の実施料）』で支払いたいです。私は、いまお金がなくて日々の生活が大変です。○○の作品を○○会社に売り込み（プレゼン）をしてください。図面（説明図）は、描いていません。『明細書』は書き方を知らないので、まとめられません」

……、ここで、私の感想です。一人言です。時間をかけて、一所懸命に説明してくれた内容を図面（説明図）と「明細書」にまとめればいいのですよ。この○○の作品について、一番詳しいのは、発明者のあなたです。だから、説明したことを、短文でいいです。個条書きでいいです。そのまま、まとめられますよ。

……、あなたも、本当は、そう思っていませんか。

それなのに、それを資金にして、次の作品をまとめたいです。……、などといってくる人がいます。しかし、これは、とんでもない間違いです。

作品を考えることはやさしいです。だから、だれでもできます。だけど、○○の作品、形「製品」に結びつけるのはむずかしいです。素晴らしい作品が利益を生むには、形「製品」にまとめるため、日数がかかります。そんなものをあてに生活を考えるのは、はなはだ危険です。まず、小さな収入をえて、とりあえず生活を安定させることです。

(2) 特許庁の特許情報プラットフォーム(J-PlatPat)

●特許情報プラットフォーム(J-PlatPat)は、特許の辞書、特許の図書館

特許情報プラットフォーム(J-PlatPat)は、情報がいっぱいつまっています。特許の辞書です。特許の図書館です。

先行技術(先願)は、それも無料で利用できます。活用してください。特許情報プラットフォーム(J-PlatPat)、特許庁で調べられます(東京都千代田区霞が関3-4-3 交通は、地下鉄・東京メトロ・銀座線の虎ノ門駅下車、徒歩約5分です)。

※特許情報プラットフォーム〔Japan Platform for Patent Information〕略称(J-PlatPat)

特許の権利を取るには、出願をしようとする作品が先願《せんがん》であることが条件です。先願とは、一番先に特許庁に出願をすることです。

初歩の発明家は、自分で発明した○○の作品は新しい。……と思っています。でも、すでに先輩が考えている場合が多いです。

格好いい理由をつけても、同じようなものが公報にのっています。
……、○○の作品に関連した情報を調べていなかったのです。だから、新しさがありません
（新規性がありません）。……と言われて権利が取れないのです。

□**ポイント①**：公報は、「明細書」、図面（説明図）などの書類をまとめるときの参考書になります。
「明細書」の書き方がよくわかります。図面（説明図）をみただけで、○○の作品のイメージがつかめる図面（説明図）の描き方がわかります。どんな図面（説明図）を描けば効果的か、すぐにわかります。符号のつけ方などで悩まなくても大丈夫です。

□**ポイント②**：公報をみてください。○○の作品の売り込み（プレゼン）をしたい会社の情報がみつかります。
特許情報プラットフォーム（J-PlatPat）で、先行技術（先願）を調べるだけでなく、出願人のところをみてください。どのような会社がその分野に興味をもっているかがわかります。熱心に、新製品の開発に取り組んでいるわけです。すぐ、会社のホームページを調べてください。事業内容を確認してください。

そして、○○の作品を売り込み（プレゼン）をしたい会社の目標にするのです。

◆特許願に必要な書類

特許願に必要な書類は、①願書、②明細書、③特許請求の範囲、④要約書、⑤図面の5つです。

※注・製法特許（方法の発明）の出願をするとき、明細書（説明書）だけで説明ができれば図面（説明図）を描かなくてもいいことになっています。

出願書類の書き方の参考文献は、拙著『思いつき・ヒラメキがお金になる!』（日本地域社会研究所 2019）、『はじめの一歩 一人で特許（実用新案・意匠・商標）などの手続きをするならこの一冊』（自由国民社 2017）、『特許出願 かんたん教科書――とっても簡単! 自分で書ける「特許願」』（中央経済社 2017）などがあります。

図面の描き方の参考文献は、拙著『3D「立体図」作画の基礎知識』（日本地域社会研究所 2021）、『これでわかる立体図の描き方〔基礎と演習〕』（パワー社 2008）などがあります。

2．テーマは、得意な分野を選んで、発明の研究をしよう

（1）大好きなことをテーマにすることが形「製品」に結びつく一番の近道

先生、質問してもいいですか。

……、テーマを選ぶとき、注意することがありますか。

手づくりで試作品がつくれなくて、テスト（実験）もできない作品をテーマに選んでしまうと、どうなりますか。


……、○○の作品を形「製品」に結びつけるために、大切なことがあります。その一番は、大好きで、得意な分野を選ぶことです。

たとえば、大好きな趣味のことだったら、得意になって、何時間も話せるでしょう。そのことについて、人よりも、その分野の知識が何倍もあるからです。

大好きなテーマなら、手づくりで試作品をつくって、テスト（実験）ができます。

素晴らしい恋をするときだって同じです。恋愛だって、結婚だって、背伸びしなくて、普通でいいのです。

たとえば、大好きな人に、料理をつくるのは大好きです。……と、いっていただけるのと、弁当をつくってきてくれて、一緒に食べましょう。……と、いっていただけるの、どちらがうれしいですか。「答え」は、簡単でしょう。

理想が高すぎると、……、大変です。労多くして、得るところが少ないからです。

自分の技術や知識、その作品にかけられる時間とお金、協力してくれる友人の数、そうしたものを総合的に判断することです。

素晴らしい結果に結びつかないと淋しいでしょう。片思いでは、イヤでしょう。

発明の学習は、学生時代と違います。大好きな科目を選んで学習すればいいのです。

大好きな科目の時間は、楽しかったハズです。イキイキしていたハズです。逆に、嫌いな科目はどうでしたか。時間も長く感じたし、学習するのがつらかったハズです。

（2）製品化率は、女性のほうが高率

先生、質問してもいいですか。

……、男性と女性では、どちらが製品化率は高いですか。その理由を教えてください。

……、私のデータでは、製品化率は男性よりも女性のほうが高率です。

その理由を調べてみました。多くの男性は、○○の作品で、何百万円も、何千万円も儲けよう、と、大きなことを考えています。また、男性は、お金のほうから考えてしまう悪いクセがあります。それで、目の前の大切なものを見落としてしまうのです。

その分野の知識がないのに、自分の力以上のテーマにチャレンジして、試作代などにお金を使って、大儲けをねらうからです。野球でいえば、練習をしていないのに、初打席からカッコよくホームランをかっ飛ばそうとするのです。大きな目標をたてるのです。夢のアーチを描いているのです。その結果、大振り三振、……、尻もちをつく。……といったケースが多いようです。それは、野球だけの言葉ではありませんよ。

●女性は、いつも、手が届く小さな目標をたてる

女性の発明家の作品は、生活感があります。作品に優しさがあります。だから、これで、月々

5万円、10万円、こづかいが入れば大喜びだ！　……といって、すぐに実現できる小さな目標をたてます。野球でいえば、シングルヒットが目標です。短打主義です。

そのどちらがいいか、簡単には決められないでしょう。だけど、短打主義のほうが、確率が高い。……ということはいえます。

●題材「車内用の傘入れ」の作品と「環境に優しいエンジン」の作品

先生、質問してもいいですか。

……、テーマの選び方、具体的な例をあげて、教えていただけませんか。

……、では、自動車に関連した作品で考えてみましょう。

一つは、自動車の中に濡れた傘を置きやすいように工夫した。車内用の傘入れです。

もう一つは、環境に優しいエンジンを考えました。……といったものです。

この二つを比べてみてください。

同じ自動車に関連した作品でも、車内用の傘入れは、目標が小さいでしょう。すぐにでも手が届きそうです。手づくりで試作品もつくれます。テスト（実験）をして効果も確認できます。
○○の作品がいつまでたっても、形「製品」に結びついていない人、私は手が不器用です。
……、だから、と思っている人は、目標をうんと低くするのです。小さくするのです。確実に形「製品」に結びつく作品にしぼることです。

それから、いつも、楽しみながら、シングルヒットをねらうのです。そして、形「製品」に結びついた実績をつくるのです。すると、自然な形で、カッコよくホームランを何度も打てるようになります。

(3) 題材「テレビの改良」・自分の豊富な知識の中で解決できる、身近なものを選ぶ

先生、質問してもいいですか。

……、私たちの生活の中で、テレビは、身近にある製品です。だから、テレビの改良にチャレンジしようと思っています。

……、テレビの改良ですか、気になる製品の一つですよね。だけど、ここで、注意していただきたいことがあります。それは、身近な、ということを、テレビ、パソコン（IT）関連、携帯電話、スマホ（スマートフォン）は、身近にあるから改良しよう。……と考えてはいけませんよ。

テレビの技術について、知識がない人が新しい形のテレビをつくることにチャレンジすることです。テレビの電子回路、通信工学、情報工学などの学習をしたことがない人が、部屋のコーナーにおきやすいように、外形を○○の形にすれば、部屋を有効に使えます。……といったものを考えたとしましょう。

テレビを○○の形にすれば、部屋を広く使える効果があります。

……、着眼点はいいと思います。でも、本人に、テレビの技術の分野の知識がありません。それでは、残念ですが、自分一人の力で課題（問題）が解決できなくて、技術のカベにぶつかってしまうのです。

課題（問題）を解決するためには、電子回路、通信工学、情報工学やテレビの内部の構造（しくみ）をどうするか。……といった課題（問題）が残るのです。

（4）効果を確認しながら、課題（問題）を改良できる範囲内のモノ

先生、質問してもいいですか。

……、○○の作品を形「製品」にする、というのは、単なる思いつきではいけませんか。

……、○○について、課題（問題）を解決する手段がわかっていないと、先にすすめません。

これは、どこまでも、自分一人の力で、試作品をつくり、テスト（実験）をして、効果を確認しながら、課題（問題）を改良できる範囲内のモノ、……という意味です。

ここで、自問自答してください。図面（説明図）は、描けますか、大きさ（寸法）は決めていますか。「明細書」にまとめられますか。

発明のテーマは、手づくりで試作品がつくれるモノ。テスト（実験）ができるモノ。効果を確認しながら、課題（問題）を改良できる範囲内のモノ。……という意味です。

たとえば、数学の問題です。その問題の解き方が発明です。高校、大学の進学を決めるときもそうです。○○高校、○○大学に入学したい。……と思うのは自由です。その前に突破しなければならない問題があります。それは、入学試験です。

（5）「出願（権利）＝製品」に結びつくように工夫する

先生、質問してもいいですか。

……、素晴らしい○○の作品を思いつきました。マネされると困るので、すぐに出願したい、と思っています。……、いけませんか。

……、「出願（権利）＝製品」ではありません。思いついたときの作品は未完成です。だから、そのままで、出願してはいけません。それでは、いつまでたっても、形「製品」に結びつきませんよ。試作品に何度も、改良を加えることが大切です。

小さな作品を考えたときは、公証役場や郵便局の切手の消印などを利用してください。そこで、いつ考えたのか、創作した事実を残すことからスタートするのです。

その間に、関連の情報を集めるのです。図面（説明図）を描くのです。手づくりで試作品をつくるのです。テスト（実験）をしてください。不具合なところがみつかります。そこを改良するのです。形「製品」に結びつけるようにまとめてください。そうすれば、発明力は、ますますついてきます。○○の作品も完成します。これで、OKといえる時点で、特許庁（〒100―8915 東京都千代田区霞が関3―4―3）に出願すればいいのです。

発明力は、人生のあらゆるできごとを、うまく解決する原動力になります。

（6）未完成の作品を形「製品」に結びつける

先生、質問してもいいですか。

……、○○の作品は、素晴らしいです。すぐに、形「製品」に結びつくと思っています。だから、急いで、特許の出願をしようと思っています。

……、ウーン、すぐに、特許の出願ですか。この時点では、本人が、気がつかない長所（効果）もあれば、短所（欠点）もあります。だから、最初は、公証役場、郵便局の切手の消印などを利用してください。創作した事実を残すことからスタートするのです。

図面（説明図）や完成予想図など描いた印刷物を使うのです。○○の作品は○○年○○月○○日に考えました。……といえます。その間に、手づくりで試作品をつくるのです。テスト（実験）をするのです。効果を確認するのです。未完成の作品の完成度を高めるのです。そうすれば、第一志望の会社が、形「製品」に結びつけてくれます。

そのとき、特許などの産業財産権を利用して、作品をしっかり守ればいいのです。

●○○の作品が形「製品」に結びつくまでの道のり

先生、質問してもいいですか。

……、○○の作品が専門的で、課題（問題）を解決するための技術がむずかしいです。そのときは、どうすればいいのですか。

……、難問にチャレンジすると、「答え」がでるまでに、何カ月も、何年もかかります。だから、とりあえず、お金をかけないで、図面（説明図）を描き、「明細書」を書いて、創作した事実を残すことからスタートすることです。公証役場、郵便局の切手の消印などを利用してください。

その間に自分の創作力や創造力をやしなってください。そうすれば、いいモノができます。

思いつきの作品をまとめることができます。それから、特許などの産業財産権の取得に向かうほうが経済的で長続きできる戦略です。

3．人のため、世の中のためになる作品を考えよう

新しい作品を考えることに興味をもち、熱心にやりはじめると、これでもか、これでもか、というくらい作品を考えるようになります。

すると、どうしても我欲がふくらんできます。……、だれがみてもいい作品ではないのに、近い将来、何百万円、何千万円にもなると思い込んでしまうのです。この素晴らしい○○の技術を、盗まれたら大変です。早く出願しないと、他の人（第三者）に先に出願されてしまいます。……とムダな行動に走ってしまうのです。

しかも、30万円、50万円も費用を使って、特許庁（〒１００－８９１５　東京都千代田区霞が関３－４－３）に出願を急ぎます。

急いで特許に出願をしたとしても、だれも、形「製品」に結びつけてくれません。手紙を書いて、必死に第一志望の会社に売り込み（プレゼン）をしても、○○の作品を形「製品」に結びつけましょう。……と書かれた、うれしい返事はきません。

それで、いつのまにか、最初に抱いた夢が少しずつ消えていきます。

そんな挫折を繰り返すうちに、自然に、やはり、この方法ではいけないのか、……ということがわかってきます。先輩からも、発明の定石を教えていただけます。

あるいは、一般社団法人 発明学会（会員組織）が開催している東京発明学校などに出席すれば、仲間から発明道を聞かされたりもします。

●○○の作品は人のため、世の中のためになる

発明の○○の作品が形「製品」に結びつかない理由があります。それは、発明家のほうにあるのだ！……、こんな自覚が生まれるようになれば間違いなく成長します。

もともと、新しい作品が世にでるためには、その○○の作品が人のため、世の中のためになる要素をそなえていないといけないのです。

世の中の利益につながるような作品じゃないと会社だって、形「製品」に結びつけてくれま

せん。○○の作品が多くの人に美しさや心地よさをもたらすモノでないといけません。

発想の根本を、自分を中心でなく、他の人（第三者）を中心に置かないと本物の形「製品」に結びつかないのです。形「製品」になった○○の作品には、多くの教訓がかくされています。あとから考えれば、何か、簡単にお金になったようにみえますが、もちろん、そんなことはありません。表面にはみえないところに、失敗を重ねた悪戦苦闘の道のりがあります。その苦闘を支えたのが発明の定石、というものです。

4．町の発明家と企業の製品の開発のまとめ方は違う

●自分一人の知識と技術の力で、課題（問題）を解決できるか

発明というのは、単なる〝思いつき〟だけではいけません。その作品のテーマ「科目」の構造上の欠点、使い方などの課題（問題）を技術的に解決する手段が発明です。……と特許法の解説書に書いています。

たとえば、携帯電話、スマートフォンは身近なものです。……といって、電子工学、通信工学、情報工学などの知識と技術がない人が携帯電話、スマートフォンの改良の発明にチャレンジした、としましょう。その一例として紹介したいのが、いま、いる場所が表示できるカメラをつけた携帯電話、スマートフォンの作品です。

子ども、お年寄りの人が一人で外出して、迷子になっても回りの状況を写してくれると、どこにいるか場所がわかります。だから、安心です。便利です。そこで、位置を知らせてくれるカメラをつけた携帯電話、スマートフォンを考えました。……といった内容です。

〝ウン・なるほど〟と感心できる作品ですよね。発明の着想はいいと思います。ところが、すぐに、携帯電話、スマートフォンの内部の構造（しくみ）をどうするのか……といった課題（問題）にぶつかってしまうからです。

また、電子工学、通信工学、情報工学などの知識、携帯電話、スマートフォンの本体の内部の構造（しくみ）の知識がない。……、すると、図面（説明図）が描けません。その構造（しくみ）の説明ができません。それでは、一番大切なところが説明できないのです。課題（問題）を解決するための構造（しくみ）が発明だからです。

だから、図面（説明図）に描いて、その構造（しくみ）の説明ができなければ課題（問題）

を解決した、とはいえない。……ということです。したがって〝思いつき〟だけではいけないのです。それでは、内容がまとめられないから、「明細書」は書けないでしょう。

●その分野の技術と知識が必要

たとえば、位置を知らせてくれるカメラをつけた携帯電話、スマートフォンの発明にチャレンジするときは、電子工学、通信工学、情報工学、カメラの基礎から学習をしなければ、一人の力では、課題（問題）の「答え」が書けません。その結果、作品を完成させることができません。

たとえば、小学生に因数分解の問題を出題しても、まだ、学習をしていないから、解き方がわかりません。「答え」が書けません。その「答え」をだす解き方が発明です。

だから、知らない分野に興味があっても、「答え」がだせないのです。だから、そのもとになる基礎から学習することが必要になります。

そこで、自分は、その技術の分野について得意か、これまでに、技術の知識と体験があるか、手づくりで試作品がつくれるか、テスト（実験）ができるか、どれくらいの時間がかけられるか、……、そういったところを考えて作品のテーマ「科目」を選ぶことです。

●企業では、その分野の専門の技術者が担当する

会社（企業）の発明活動のときは、作品を提案するだけで、その技術の分野の技術者が技術内容などについて、技術的に課題（問題）がないかどうか、形「製品」に結びつく可能性があるかどうか、などのチェックをしてくれます。

いろんな技術の分野の技術者の人が作業を分担しています。

個人で創作活動をするときは、○○の作品の発想から課題（問題）の解決までを一人の力でまとめなければならないのです。この点を間違わないようにお願いしたいのです。

●課題（問題）がむずかしいと「答え」がみつからない

得意な技術の分野にチャレンジしないと、いつまでたっても課題（問題）の「答え」はみつかりません。それでは、発明することさえいやになってしまいます。

ここが、会社の発明と町（個人）の発明家の発明活動の大きく違うところです。

したがって、趣味としての作品を形「製品」に結びつけるためには、自分の力よりも少しでいいです。レベルを下げるのです。

そして、身近で、手づくりで、試作品をつくれるものの中から選ぶのです。

さらに、得意な技術の分野に取り組めば、発明することは楽しいし、夢もふくらみ、◯◯の作品は、形「製品」に結びつくでしょう。

5. 市場性があるか、市場調査をしてみよう

次の質問の内容は、発明の学習をスタートしたばかりの人たちから、よく相談を受ける疑問点です。また、同時におきてくる心配なことです。

ここで紹介しましょう。参考にしてください。

《疑問点》

□ ①この作品は、特許の権利が取れますか。
□ ②出願の書類は、何を見れば書けるようになりますか。

□③出願の書類は、どうすれば書けますか。
□④作品の売り込み「プレゼン」は、どんな会社にすればいいですか。
□⑤2社、3社から、形「製品」に結びつけたい、といってきたら、どうすればいいのですか。

《心配なこと》

□①私の作品は、まだ特許出願中（PAT・P）で、公開もされていません。それで、契約をしても大丈夫ですか。
□②契約をしたあとで、先行技術（先願）がみつかったら、どうなるのでしょうか。
□③先行技術（先願）は、どうすれば調べられますか。
□④作品を売ってしまうときには、どんな手続きが必要ですか。
□⑤契約書の書き方がわかりません。

……、以上のような内容のことです。

これらの疑問を解くテクニックを知るのと、知らないのでは、近い将来「ロイヤリティ（特許の実施料）」生活ができるか、どうかの大きな差になります。

ついこの間もこんな相談がありました。

私は○○の作品を考えて、第一志望の会社に売り込み「プレゼン」をしました。すると、形「製品」に結びつけてもいい、ということで話が進んでいます。

ところが、そうなると、心配なことがあり、話を進められず困っています。

新しい作品を考えて、社会に役に立ちたい、形「製品」に結びつけて、お金を儲けたい、と思って一所懸命にやってきました。

しかし、それが現実になって目の前にあらわれたとき、願望がかなえられた喜びと一緒に本当かなあー、これでいいのかなあー、大丈夫でしょうか……と心配、疑問が押し寄せてきます。

それが初めて経験する実感です。

そこで、どのように対応したらいいか、ご指導をお願いいたします。

ところで、インターネットなどで、市場性があるか、市場調査はしましたか、……、大切なことです。……、疑問点や心配なこともなくなりますよ。

●先行技術「先願」の調査もせずに形「製品」に結びつけてしまうと

受け入れる側（会社）にも同じように疑問、心配が押し寄せてきます。○○の作品は素晴らしい。○○の作品は売れそうだ！ ……と簡単に買い取りました。

それで、先行技術「先願」の調査もせずに○○の作品を形「製品」に結びつけて売りだしたとたんに、それは、私（当社）の権利を侵害しています。……と文句をつけられる例もあります。

したがって、○○の作品を形「製品」に結びつけるときは、先行技術「先願」の有無、権利化の可能性の判断、契約条件の取り決め、市場性があるか、など、市場調査とともに重要なポイントとして忘れることはできないのです。

6．心をこめて、手づくりの試作品で、相手の心を動かそう

（1）手づくりで、試作品をつくることに意味がある

思いつきの作品を形「製品」に結びつけるために、関連の情報を集めて、その情報を整理して、大きさ（寸法）を決めて、試作品をつくることは、大きなポイントになります。それも、手づくりでつくることに意味があります。

私は、ときどき、東京発明学校で、試作品の話をします。

すると、すぐに、私は不器用です。手づくりで試作品はつくれません。……、図面（説明図）も描けません。大きさ（寸法）を決めていません。……という人がいます。試作品は1個、つくるだけです。だから、数千円でつくってくれるハズです。……と勝手に思っているのです。それで、簡単にプロに頼んでしまう人もいます。

そのときは、依頼をする前に、費用（試作品）を確認してください。それを納得してから、頼むようにしてください。

そうしないと、大変なことになります。たとえば、3週間ほどで、試作品と一緒に、十数万円の請求書が送られてきました。試作品は、満足しました。でも、ここで、この費用どうしよう、と悩むのです。試作品をつくるのは手づくりです。手間もかかります。だから、試作代は高くなるのです。

最近は、試作するための材料が簡単に買えるようになりました。加工が簡単なプラスチックや強力な接着剤がＤＩＹ（Ｄｏ ｉｔ ｙｏｕｒｓｅｌｆ）や日曜大工コーナーなどで売っています。それを使ってください。たいていのものはだれでもつくれます。

自分の作品が形「製品」に結びついた発明家に聞いてみました。すると、家に、ガラクタ箱を持っているといいます。不用になった家庭用品や玩具を箱の中に入れておいて試作品をつくるとき、それをこわして必要な部分だけを取って使うためです。
そうしておけば、試作品をつくるときの材料費代はゼロ円ですみます。

(2) 試作がむずかしいモノは、会社にまかせよう

むずかしい試作やお金のかかかりそうなモノは、ムリをして、試作代にお金を使わなくても大丈夫です。ムリをしてつくらなくても大丈夫です。……、そういうときは、同じような種類の製品をつくっている第一志望の会社に、図面(説明図)と明細書の下書きのコピーをつけて、手紙を書くのです。インターネットを使って、会社のホームページをみてください。事業内容を調べるのです。会社の研究をしてください。そして、スポンサーになっていただくのです。
○○の作品が大好きです。あなたが大好きです。……といってくれる会社(人)をみつけましょう。本当に気に入っていただけたら、その会社が試作品もつくってくれます。○○の作品を形「製品」に結びつけてくれます。
私は、○○の作品を形「製品」に結びつけるのは、結婚と同じだ、と思っています。

広い世界の中で、たった1社(一人)でいいのです。作品を気に入っていただけたら、その会社が試作品をつくってくれます。形「製品」に結びつけてくれます。あなたの力強いパート

ナーになってくれます。

これは、町の発明家の鉄則です。お金、ムリ、ムダをしていると、余裕もなくなります。素敵な笑顔までなくなってしまいます。それでいいと思いますか。大好きな人に、あなたの、その素敵な笑顔、みせるチャンスがなくなりますよ、本当です。

大切な人に誕生日のプレゼントをするときだって、手づくりは結構ウケがいいです。

そればかりか彼女（彼）のハートまでゲットできるかもしれませんよ。

(3) 手づくりで試作品をつくり、テスト（実験）をする

先生、私は○○の作品の製品化を望んでいます。自信もあります。……と、いうだけでは、形「製品」に結びつけるのはムリでしょうか。

いまの状況、確認していいですか。○○の作品の図面（説明図）を描きましたか。大きさ（寸法）を決めましたか。手づくりの試作品、つくりましたか。テスト（実験）をしましたか。効果、確認しましたか。……。

発明とテスト（実験）、それは、理科と実験よりもずっと重要で大切なことです。

形「製品」に結びつかない一番の原因は、ここだったんですね。

主婦が考えた作品は、よく形「製品」に結びついています。その「答え」も同じです。テーマが身近で、手づくりで試作品をつくれるものを選んでいるからです。自信をもっています。だから、作品の内容を聞いても説得力があります。

図面（説明図）を描いて、大きさ（寸法）を決めて、手づくりで、試作品をつくることが形「製品」に結びつくための必須条件だ！　……といえるのです。

恋をするときでも、そうだと思います。デートをすることは、とても大切です。1度もデートをせずに、結婚の申し込み、ですか。……、ウーン、それは、ないでしょう。

7．心をこめて、売り込みの手紙を書こう

(1) 売り込み「プレゼン」の手紙の書き方《文例・1》

○○○○　株式会社

社外アイデア　企画開発担当者　様

手紙をみていただきましてありがとうございます。


拝　啓　貴社ますますご隆盛のこととお喜び申しあげます。

いつも、御社の製品○○を愛用させていただき、その便利さに感謝しています。

さて、今回、図面（説明図）のような形状の○○の作品を考えました。

それで、形「製品」に結びつく可能性があるかどうか、ご検討をお願いしたく、突然ですが○○の作品の形「製品」に結びつけていただきたくて、お願いの手紙をお送りさせていただきます。
○○の作品の内容を簡単に説明いたします。
この作品は、……………（内容をわかりやすく書いてください）……………………………

……………………。

すでに、手づくりで試作品をつくり、何カ月も使っています。友人、家族にも好評をえています。この○○の作品は、特許出願中です。

図面（試作品の写真）を添付いたします。書類をみていただきたいと思います。
前記の件、ご多忙中大変恐縮ですがよろしくお願い申しあげます。
まずはお願いまで
敬　具

【図面】

〒
住所（フリガナ）
氏名（フリガナ）（　歳）
TEL（　）
FAX（　）
E-mail
簡単な自己紹介を書くと効果的です。
担当者も返事がしやすいと思います。

最後までご一読いただきましてありがとうございました。

心から感謝いたします。

（2）手紙の書き方《文例・2》

○○○○　株式会社
社外アイデア　企画担当者　様

手紙をみていただきましてありがとうございます。


拝　啓　時下ますますご清栄のこととお喜び申しあげます。

さて、私は新しい作品をつくったりすることが趣味です。

今回、図面（説明図）のような形状の「拍子木」を考えました。

形「製品」に結びつく可能性があるかどうか、ご検討をお願いしたく突然ですが、手紙をお送りさせていただきます。

「拍子木」の内容を簡単に説明いたします。

いままでの「拍子木」といえば、角柱と角柱の木を一対にして、それをひもで結んだものでした。

この拍子木を使うときは、互いに角柱の木の面と面で打ち合わせながら使います。それで、同一音を連続的に発するためには、ある程度の練習と技術が必要でした。

そこで、いつでも、どこでも、同一音を簡単に発することができるように、角柱と円柱の木を一対にして、それをひもで結んだ「拍子木」を考えました。

角柱と円柱の木を打ち合わせるとき、角柱の面と円柱の曲面（線）で接触します。その結果、だれが使っても、すぐに同一音を連続的に発することができるようになったのです。

また、両方に握り部をつけて、握り部を人形の「こけし」のようにして、それを男女の頭形にすれば、お土産品としても人気がでると思います。

この「拍子木」は、特許出願中です。

前記の件、ご多忙中大変恐縮ですがよろしくお願い申しあげます。

まずはお願いまで

敬具

【図面】

【図１】

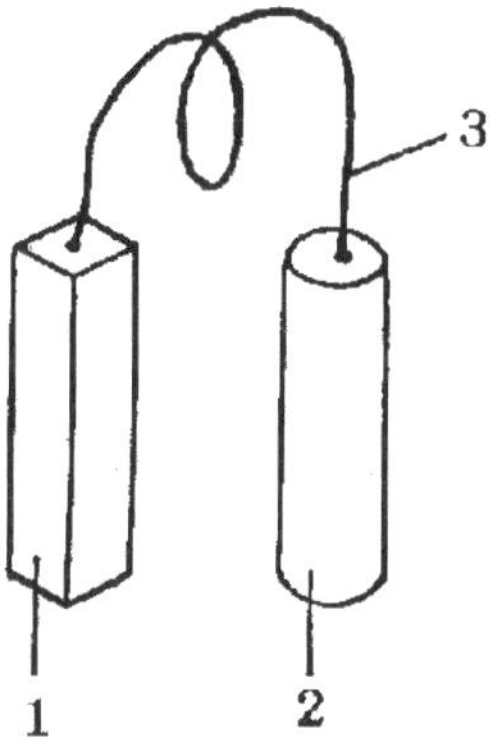

【図２】

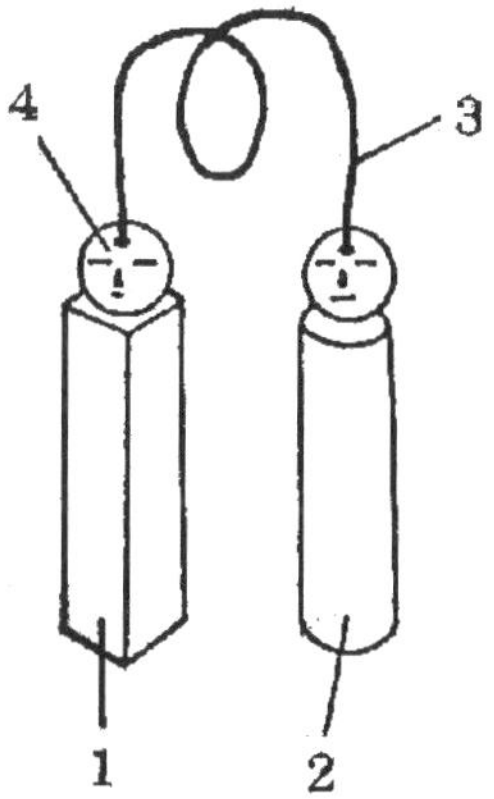

〒

住所（フリガナ）

氏名（フリガナ）　　　　（　　歳）

ＴＥＬ（　　）

ＦＡＸ（　　）

E-mail

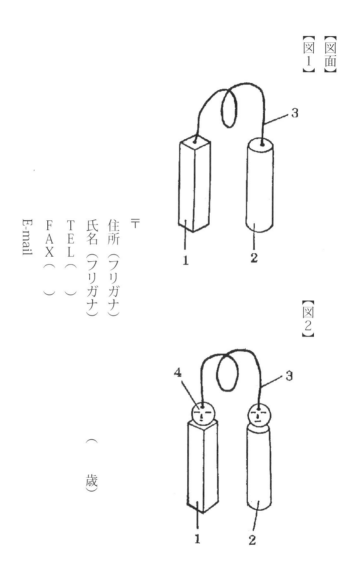

簡単な自己紹介を書くと効果的です。

担当者も返事がしやすいと思います。


最後までご一読いただきましてありがとうございました。

心から感謝いたします。

(3) 図面「説明図」を上手に活用しよう

手紙の書き方は、だいたい以上のような形式です。これを参考にしてください。

こうしておくと先方が、これは売れそうな作品だ！　と思えば、手づくりの試作品の見本をもって来社してください。……といった内容の手紙(メール)が届くか電話がかかってきます。

……、そうしたら、会社の担当者を訪問して説明すればいいのです。

だから、手紙の売り込み「プレゼン」は、非常にラクです。返事は、早ければ早いほど形「製品」に結びつく可能性も大です。

図面(説明図)を上手に活用するのも売り込み方のポイントです。

婚活(お見合い)の写真と同じだ、と思います。きっかけは、1枚の写真です。

発明者のあなたが、○○の作品をデビューさせるための最高のステージをつくってあげてください。それをセットするのはあなたです。

そのとき、その作品の内容を説明するとき、短文でわかりやすくまとめてくださいね。

手紙を書くとき、もっとも気をつけていただきたいことがあります。それは、作品の説明を、５枚にも、６枚にもなるような長文にしてはいけない、ということです。

《チェック》

いつも自分が逆の立場になって、こんなうれしいお便りだったら、読みたいのになあー、といえるような手紙を、気持ちをこめて書くことです。

(4) 長い説明文は「ダメ」、「NOである」

いろいろ説明したいと思いますが、長い説明文は、書かないようにしてください。すぐに、クズかごに入れられると思ってください。○○の作品の内容を短時間で、理解していただけるように、短文で、まとめることが大切です。

また、乱雑な文字はいけません。さらに、１０００字にも、２０００字にもなるような、長文は、だれも読んでくれません。とてもさみしいことですけど、……。

特許庁へ提出する特許の書類でさえ、要約文「要約書」は、400字以内です。

売り込み（プレゼン）の手紙は、○○の作品を形「製品」に結びつけてください。……と頼んでいるのです。

長文になると、内容を理解するのに、時間がかかります。だから、目安としては、600字くらいにするといいでしょう。数分で読めて、内容も理解できます。

その中に、「発明の目的」、「構成（しくみ）」、「使い方」、「効果」を簡単にまとめるのです。ここで、大切になるのが、○○の作品は、当社に必要な作品です。後日、面談してもっとくわしい話を聞きたい。……と思っていただけるように要領よく書くことです。

そのとき、効果、セールスポイントは、少しオーバーに書いてください。また、文章は手書きよりは、ワープロ（Ｗｏｒｄ）のほうがいいと思います。

図面（説明図）は、写真のように一目でわかるので「斜視図（立体図）」が一番です。普通の製図の図面では、図面の読解力がない人にはわかりにくいからです。

もし、あなたが斜視図の学習をして、描き方を知っていれば「斜視図」を大いに活用してください。そうすれば、作品のポイントが短時間で理解していただけます。

普通の製図の図面でも大丈夫です。でも、図面の描き方の学習をしていない人は、形が理解できなくて、困らせてしまうことになります。

ここでもやはり〝思いやり〟が大切です。

「斜視図」を描くための参考文献は、『3D「立体図」作画の基礎知識』(日本地域社会研究所刊)、『これでわかる立体図の描き方（基礎と演習）』（パワー社刊）などがあります。

8．手づくりの手紙で売り込み（プレゼン）をしよう

(1)「特許出願中（PAT・P）」と書いて、売り込み（プレゼン）をしてみよう

●会社は、上手い文章がほしいわけではない

発明貧乏、出願貧乏にならないようにするために筆者が一番に推薦したい売り込み（プレゼ

ン）の方法は、○○の作品は、特許出願中（ＰＡＴ・Ｐ）です。……と手紙に書いて売り込み（プレゼン）をすることです。
ところが、多くの発明家は、私は文章を書くのがとても苦手です。……といってしりごみをする人がいます。しかし、それは、発明家のとりこし苦労です。会社は上手い文章がほしいわけではありません。形「製品」に結びつく作品がほしいのです。

だから、最初から上手い文章にまとめようと気負わないことです。短文でいいです。個条書きでいいです。そうすると心もラクになります。文章は、簡単に書けますよ。

それで、作品の内容を４００～６００字くらいにまとめてください。

そして、それに図面（説明図）を添付してください。

それだけでいいのです。簡単だと思いませんか、さっそく書いてみましょう。


提案するときの用紙は、会社の担当者が整理しやすいように、A列4番「A4」を使いましょう。そして、周囲には余白を取りましょう。会社の担当者には、手数をかけて申し訳ないのですが、……。この方法なら、手紙と一緒に「郵便番号・住所・氏名を書いた（返信用の切手を貼付した）封書」を入れておくと、第一志望の会社の様子がわかります。

先方が気に入っていただければ、すぐに「OK」の返事がきます。返事がくるまで、楽しい夢がみられます。

●特許出願中（PAT・P）の肩書が大切

売り込み（プレゼン）の際に「特許出願中（PAT・P）」の肩書があれば、受入れの姿勢も違ってきます。

特許庁に出願もしていないのに〝道徳的にチョット〟と気にする人もいるかもしれません。気になりますよね。でも、そう気にしないでください。会社が気に入ったら出願するということは決まっています。この方法だと、自分の損害を最小限に、先方には実害を与えません。だから、いいと思います。

しかし、この方法で、発明家が一番気にすることがあります。それは、先に出願されて、その権利を取られてしまったらどうしよう。……といった心配ごとです。

（2）「先に出願されたらどうしよう」と心配しなくても

●心配ばかりしていては何もできない

町（個人）の発明家は、心配することがたくさんあります。

そういうときは、まず、作品の内容と創作した日付を残すことです。

〝好き〟といえばいいのです。

著作権は、文芸、学術、美術、音楽に関するもので、思想、感情の表現を保護してくれます。権利は自然に発生です。したがって、気になる人は、○○の作品をいつ創作したのか、その作品を創作した日付けを残しておいてください。

そこで、目的（いままでの製品との比較）、構成（しくみのポイント）、発明の実施の形態（実施例、使い方）、効果（セールスポイント）、図面（説明図）、設計図などを詳しく描いて、○○の作品、○年○月○日に創作しました。……といえるように、その日付を残しておいていただきたいのです。

そうしておけば、売り込み（プレゼン）をした会社がそのまま使ったとき、文句だっていえます。これで、盗用されたらどうしよう。……といった心配もなくなるでしょう。

そのような状況の中で、先方が買いたい、これは素晴らしい作品だ、……と思ったら、出願はいつしましたか。特許願の写しを送ってください。……といった内容の手紙（メール）がきます。あるいは、電話がかかってきます。

そういう手紙（メール）がくるか、電話がかかってきたら、製品化の目標の60～70％のところまできた。……と思って間違いないでしょう。

だから、それが決まったときに、出願しても、決して遅くはないのです。

うれしい手紙をいただけるように、大きさ（寸法）を決めて、手づくりで、試作品をつくり、テスト（実験）をくりかえし、周りの人の意見を聞きながら、作品自体の完成度を高めることが一番です。

返事が返ってこなくて、お断りの手紙をいただいて、カンカンにおこって相手を非難する。……、そういった町（個人）の発明家の相談を受けることもあります。ところが、その理由は、○○の作品を完成させるための途中で、未完成だからです。

そういう人に限って、人の力を借りて、何十万円も費用を使って出願しているケースが多いようです。

（3）なぜ、出願より売り込み（プレゼン）をすすめるのか

出願するのが先です。一日遅れたら他の人（第三者）のものになります。……と教えることは、特許の法律書をみる限り正しいことです。

しかし、○○の作品の形「製品」に結びつける。……という面から考えると、先に出願することは、出願費用をムダにするケースが圧倒的に多いようです。

したがって、すぐに、特許に出願することは、特許戦略としては〝まずい〟といえると思います。

そこで、あわてて出願をする前に、まず、○○の作品、特許出願中（PAT・P）です。……と書いて、手紙で売り込み（プレゼン）をして、第一志望の会社の様子をみることです。

会社からの返事で、その理由がわかります。返事が来ないことも多いです。

そうすることが発明貧乏、出願貧乏を防ぐ方法として、一番効果的なやり方だと思います。

もちろん、そのとき大切なことは、特許などの出願の書類は、きちんと書いて、いつでも、出願できるように準備しておくことです。

また、売り込み先の会社の担当者が形「製品」に結びつけるためのアドバイスをしてくれるケースもあります。そうなれば、超ラッキーです。そのときは、○○の作品の内容を出願の書

類の中につけ加えればいいのです。作品の完成度を高めることができます。

（4）出願の書類は、すぐに書いて実力をつけよう

○○の作品の出願の書類を1件書くことは、出願の書類の書き方の本を10冊読むよりも、実力がつくといわれています。それは、発明の内容の整理ができるからです。

したがって、特許の出願をしなくてもいい。とか、出願の書類は書かなくてもいいですよ。……と言っているわけではないのです。

本当に〝勘ちがい〟だけはしないようにお願いします。

その後、売り込んだ会社から、形「製品」に結びつけるために検討したいので、出願の書類をみせてください。……といった内容の朗報が来たら、準備しておいた出願の書類に所定額の特許印紙を貼って、特許庁に出願して、その写しを先方に送ればいいのです。

以上のような理由で出願よりも、第一志望の会社に売り込み（プレゼン）を先にしたほうがいい、ということを言いたいのです。

売り込み（プレゼン）は、本当に大切です。出願することも大切です。だから、いつでも出願ができるように出願の書類を作成し、準備だけはしておくことです。

とにかく、売り込み（プレゼン）をして、形「製品」に結びつく可能性があるかどうか、先方（スポンサー）の様子をみることです。

それが、これからの発明家のムダのないやり方だ、と思います。

(5) 出願してから「発明コンクール」に応募しても

各種、発明コンクールなどの応募要項にも、「出願してから応募してください」……と書いてあるケースもあります。

ところが、これも、出願を急ぐ必要はない、と思います。

出願の書類を書いておいて、請求されたら、その写しを送ればそれでいいのです。だって、特許に出願して応募したから、といって入選するわけではないのですよ。あくまでも予選会です。だから、多くの人が選外になってしまうのです。落選したとき、とうぜんですが出願の手数料は戻ってきません。

でも、その費用ってどうなるのですか。気になる人もいるでしょう。

……、というわけではありませんが発明者は出願する前にやることがたくさんあるのです。

それは、試作して、テストをくりかえすことです。そして、作品の完成度を高めることです。

9.「契約書」を書いてみよう

(1) すぐに使える「契約書」

発明の○○の作品を形「製品」に結びつけてくれる、第一志望の会社がみつかれば、それで一応は成功です。それで、契約書をつくることになります。

そのときは、たいてい会社のほうで契約書をつくってくれます。

特許などの知的財産権の契約をしたことのない人は、そういうものを知らないのです。

契約書の原案は、発明者がつくることが多いようです。

契約金、「ロイヤリティ（特許の実施料）」の条件や独占権の範囲が異なるだけです。

私が立会人になって、契約したものをここに紹介します。

これを参考にしてつくってみてください。

発明の契約は、どうしても、欲がでます。仲にたっていただいたほうがまとまりやすいと思います。

権利料はどれくらいですか、……。発明の種類によって違いますが、平均的にいうと、契約金は、10～100万円くらいです。
「ロイヤリティ（特許の実施料）」は、2～5％くらいです。
……というのが普通です。

（2）「契約書」の書式

契　約　書

収入印紙（割印）

甲（権利者）東京都○○区○○町○丁目○番○号
○○○○

乙（使用者）東京都○○区○○町○丁目○番○号
○○○○株式会社
代表取締役　○○○○

甲と乙は、左記出願中の条項について、○○○○の立会もとに、専用実施権の設定契約をする。

第一条　甲と乙は左記について契約をする。
　特許願　令和○年第○○○○○○号
　発明の名称　○○○○○

第二条　専用実施権及び権利発生後の専用実施権の範囲は、つぎの通りとする。
　期間　契約の日より権利存続中
　内容　全範囲
　地域　国内

第三条　乙はこの本契約について、質権を設定し又は他人に実施を設定してはならない。ただし、甲乙協議によって実施者を設定することができる。

第四条　乙は、自己の費用をもって権利発生後の専用実施権設定登録の手続をすることができる。

第五条　この契約によって乙は甲に対し、実施契約金として○○万円、実施料として卸し価格の○％の使用料を支払うものとする。

第六条　前条の使用料は経済事情その他に著しい変動が生じたときは、甲乙協議の上でこれを変動することができる。
協議がととのわないときは、立会人○○○○の意見にしたがう。
すでに支払われた実施契約金及び使用料は理由のいかんを問わず甲は乙に返還しない。

第七条　使用料の支払は毎月○日締切りとし翌月○日までに、左記の指定の銀行口座に振込で支払いをする。

振込指定銀行

口座名

口座番号

第八条　甲は立会人○○○○を通じて必要に応じて乙からこの本契約の実施の状況その他の必要な事項についてその報告を求めることができる。

第九条　乙は契約の日より1年以内に製造販売し、また、特別の事情がない限り1年以上にわたり製造を中止してはならない。

第十条　この本契約については虚偽の報告その他不法行為等があったときは、甲は損害賠償の請求をすることができる。

第十一条　第二条、第三条、第五条より第十条について、乙又は甲が違反したときは、立会人○○○○の了解のもとにこの契約を解除することができる。

第十二条　その他細則については、そのつど書面で定める。

以上の契約を証するため、本書3通を作成し、署名捺印の上、各自その1通を所持する。

令和○年○○月○○日

甲　東京都○○区○○町○丁目○番○号
　　○○○○　(印)

乙　東京都○○区○○町○丁目○番○号
　　○○○○株式会社
　　代表取締役　○○○○　(印)

立会人　東京都○○区○○町○丁目○番○号
　　一般社団法人 発明学会
　　会長　○○○○　(印)

〈まとめ〉

契約おめでとうございます。

応援してくれた人に心から感謝しましょう。

作品の契約は、両方に欲がでます。仲に立っていただいた方がまとまりやすいです。

私に仲介の労を頼む人もいます。ご相談ください。

第2章

「十・二」算数発明で、目標を決めよう

1.「＋・－」算数発明をしてみよう

「＋（足し算）」、「－（引き算）」の算数発明で、お金持ちになれます。「発明」は、毎日、考えることが楽しくなります。脳も財布も元気になります。

◆「＋（足し算）」：「洗濯機の糸くず取り具」

たとえば、「＋（足し算）」で生まれたのが、「洗濯機の糸くず取り具」です。A「円すい状の網袋」にB「浮き袋」をつけました。「＋（足し算）」をしたのです。

◆「－（引き算）」：「初恋ダイエットスリッパ」

「－（引き算）」をして生まれたのが、「初恋ダイエットスリッパ」です。「スリッパ」の「踵（かかと）」をカットしました。「－（引き算）」をしたのです。

私たちの身の回りは、便利なものがたくさんあります。たとえば、事務用品、キッチン用品、健康グッズ、スポーツ用品、トラベル用品など、これらの製品は、みんな、ちょっとした発明です。

それは、ちょっとした頭の一ひねりから生まれたものばかりです。あなたの周辺には富の財産をえる予備軍の素材がたくさんころがっています。

2. 約3億円の特許料をいただいた「洗濯機の糸くず取り具」

「＋（足し算）」で生まれたのが「洗濯機の糸くず取り具」です。

昭和43年頃の話です。東京発明学校のある日の発表に「洗濯機の糸くず取り具」の作品がありました。

主婦の笹沼喜美賀さんが考えた作品です。

笹沼さんは、会社に売り込んでもなかなか相手

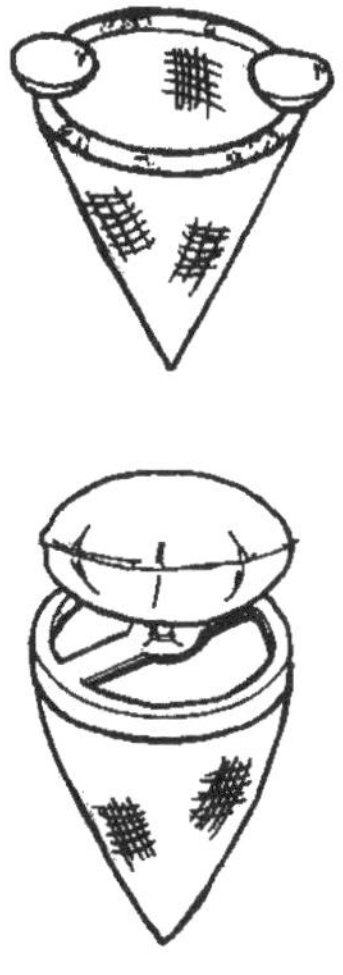

にしてくれないので、どこかのスポンサーの目にとまるかもしれない、と思って発表しました。……と、いっていました。

そのスポンサーになっていただきたのがD社です。その製品が〝クリーニングペット〟でした。発売して2年目に、当時の松下電器が、洗濯機に一つずつつけてくれることになって、ここだけで、月に約15万個も売れました。

これは、社外の発明を採用してヒット商品を生んだ好例です。

その後、吸盤がはずれる。……という不便があったので、それを改良して、空気袋をつけました。それを浮かせるように工夫しました。

それが「クリーニングボール」です。ブームのときは、月に約5000万円も売れるようになりました。

D社では、日用品の発明を好んで形「製品」に結びつけてくれる、というので、社外の発明が集まり、洗濯関係や浴室関係の新製品がたくさん生まれました。

数年前、同じように東京発明学校からもちこまれた球形のネットなども、月に約5000万円から売れるヒット商品になりました。発明者の笹沼さんは、約3億円近い「ロイヤリティ（特許の実施料）」をいただいたのです。

3. 年間、約5億円を売りあげた「初恋ダイエットスリッパ」

「−（引き算）」で生まれたのが「初恋ダイエットスリッパ」です。

肥満に悩んでいた中澤信子さんは、足のかかとを浮かして歩くつま先立ち健康法をヒントに「初恋ダイエットスリッパ」を考えました。

姿勢がよくなり、足腰の筋肉が引き締まる〝つま先立ち〟は、じっさいにはじめると10分と続きません。なんとか続ける方法はないか、と考えるうちに、毎日履くスリッパに注目しました。

スリッパの後ろを半分に折り畳んで高くしたのです。そうすると、つま先立ちが強制されるというわけです。

これを原型にしながら、履き心地やかかとの高さを調整する

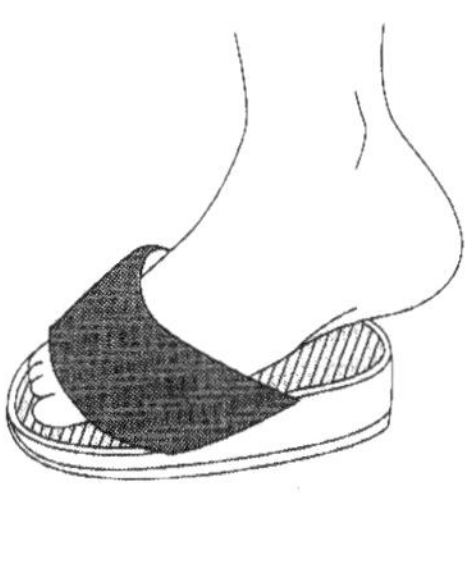

ために、何足も履きつぶして、試作を続けて、自分でも試してみました。すると、3年たった頃には、体重が10キロ減ったそうです。

自信を得た中澤さんは、発明展に出品して入選しました。

その後、アイデア工房・阿蘇山を設立し、個人で事業をはじめました。その当時、一カ月に約2万5000足売れるようになり、年間の売りあげは、約5億円にもなったそうです。

製品を買って、使ってくれた人から、効果があった。……と、書いた手紙がたくさん届きました。感謝の声を聞くと本当にうれしいです。

4.「＋（足し算）」をしてみよう

●「発明」は、無から有をつくることではない

A「○○」とB「○○」を「＋（足し算）」したらどうか、と考える方法です。それは、創

造の基本的なことですが、とても大切です。

「発明」することは、無から有をつくることではないからです。

既存のＡ「○○」とＢ「○○」を「＋（足し算）」してください。そして、ちょっぴり変わったＣ「Ａ＋Ｂ＝Ｃ」をつくることだ、といわれています。だから、行き詰まったときは「＋（足し算）」を試してください。

「＋（足し算）」の基本形が、Ａ「鉛筆」＋Ｂ「消しゴム」＝Ｃ「消しゴムをつけた鉛筆」です。

たとえば、歩きながら、床の掃除ができるように、Ａ「スリッパ」にＢ「モップ」を「＋（足し算）」しました。

今月、体重が○○キロになってしまった！……、大変だ！　……、

太りすぎが気になる人のために、Ａ「ベルト」にＢ「目盛り」を「＋（足し算）」しました。

天ぷらをおいしく食べれるように、Ａ「箸」にＢ「温度計」を「＋（足し算）」しました。

雨の日、暗い夜道を歩くのは大変です。そこで、自分の回りを明るくしできるように、Ａ「傘」にＢ「豆電球」を「＋（足し算）」しました。

●「A＋B＝C」をしてみよう

あなたも気になっている製品を調べてみてください。そして、A「○○」とB「○○」の「＋（足し算）」をしてください。「＋（足し算）」ができないと思っても試しに「＋（足し算）」をしてください。すると、意外に変わったものができるかもしれませんよ。それが「＋（足し算）」のカギです。たとえば、A「完成品」とB「完成品」、A「完成品」とB「部品」の「＋（足し算）」です。

5.「－（引き算）」をしてみよう

●「－（引き算）」で欠点を探そう

「－（引き算）」をして、欠点を列挙する方法は、アメリカのG・E社から生まれた発想法です。いまから、何かやろうとするテーマについて、その欠点をみんなで考えることです。ケチ

をつけることです。あら探しをすることです。

欠点を探すのは、人間の本能のようなものです。それから始めてください。


ここに、たとえば、ハンガーがあります。

新しいタイプのハンガーをつくろうとするときは、いままでのハンガーの欠点をさがすのです。

たとえば、①かけた服がすべり落ちる。②服の形が悪い。③持ち運びが不便。④重い。⑤値段が高い。⑥材料が堅すぎる。⑦色が悪い。⑧インテリア的でない。⑨タートルネックの服が掛けにくい。⑩一つしか掛けられない。⑪しまうとき折りたためない。⑫長く掛けておくと虫がつく。⑬ズボンがうまく掛けられない。⑭ネクタイ、ワイシャツが一緒に掛けられない。⑮遊び心がない。⑯香りがついてない。⑰美的な点がない。⑱子どもには無愛想。……、などです。

このように、欠点をチェックしてください。そうすると、変わったハンガーの提案ができます。

●「発明」の原点は、いまある製品の欠点をみつけること

いま、使っている製品の欠点をみつけてください。その欠点に発想の原点をおくと素晴らしい作品が生まれます。たとえば、全体をバラバラにする。一部分をバラバラにする。一部を取りだしてみる。……、などです。

第3章

あなたは◯◯の分野にチャレンジしたいのか、目標を決めよう

1. 豊富な経験や知識、得意を活かそう

先生、質問してもいいですか。

私は、どんな発明にチャレンジすればいいですか。


あなたの豊富な経験や知識、得意なものを教えてください。

何年も、何十年も学習した、○○（たとえば、生活用品）は得意です。大好きです。……といえるものが「頭（あたま）」、「脳（のう）」につまっているでしょう。

それを活かすのです。たとえば、調理器具の分野が得意で、大好きです。……という人。身近なところで、生活用品を便利にしてください。

自慢や自信のタネを、もっと、もっと活かすのです。活躍できる場所がふえますよ。

とにかく、○○が使いにくい。○○が不便だ。……と思っていることを、そのままにしないことです。便利に改良することです。日々の生活がラクになります。最初は、家族や友人を喜

ばせてください。

先生、質問してもいいですか。

ここで、なるほど、と思ってしまう事例を何か一つ教えていただけませんか。

わかりました。それでは、フリーサイズの落し蓋を紹介しましょう。

落し蓋は、煮物料理に欠かせない小道具です。以前は木製のものが多く、鍋のサイズに合わせて各種用意していました。ところが、多くの家庭の台所は狭いです。

また、いつも使うわけではないのに、何枚も落し蓋があっても、収納場所に困ります。そこで、一枚で、どのサイズの鍋にもピッタリという、フリーサイズの落し蓋を考えました。

なるほど、うまいこと考えたなあー、……と思うでしょう。

「ロイヤリティ（特許の実施料）」は、いくらになった、と思いますか、６０００万円です。すごいでしょう。

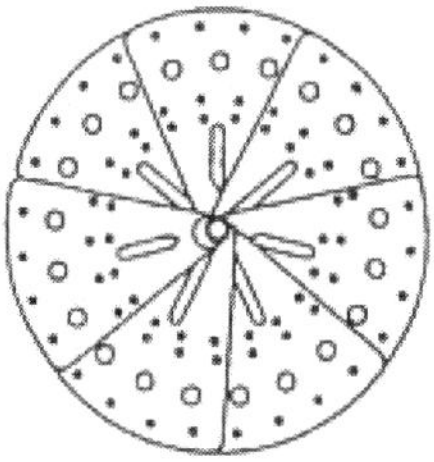

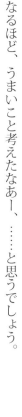

お金がからむことです。だから、マーネ（Ｍｏｎｅｙ）、といいたいでしょう。きっと、素晴らしいことには、だれでも自然に感動できると思います。

●感動したら、そのままにしない

普段の生活にも、そのまま活かせますよ。たとえば、多くのサラリーマンのために、携帯に便利な携帯用のハンガーを考えて、営業成績があがるようにサポートしたい。

ハートの形の可愛い容器を考えて、彼女（彼）の心を引きつけたい。……と考えることです。すべて、いい結果につながります。

職場や学校などで、人気がある人を観察してみてください。みんなが喜んでくれることを、いつもムリをせずに自然体で考えています。

うれしいことは、仕事でも、家事でも、受験のための学習でも同じです。いつも、プラス「＋」発想をしています。だから、不景気な世の中を乗り越えることができるのです。

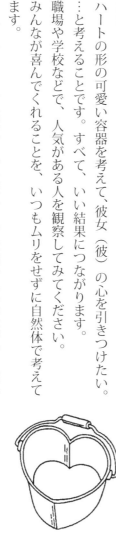

先生、質問してもいいですか。

私は、学生時代、理科、数学は苦手な科目でした。だから、特許・発明は向いていない。……と思っています。それでも、発明はできるでしょうか。


そんなことはありませんよ。理科、数学の苦手と新しい作品を発明することは関係ありません。心配しなくても大丈夫です。

「十・一」算数発明をするだけで、新しい作品の発明ができます。

すごく、簡単にいいますけど、私の自慢、これだ！　……といえるものがありません。

そんなことは、ないでしょう。大好きなこと、あるじゃないですか。それを、徹底的に、極めて、こだわればいいのです。

●いつも、「頭」「脳」の体操

中本先生、私は毎日、欠かさず、予習、復習をしています。

でも、なかなか学習した効果がでません。……、どうすればいいですか。

……、感心なことですね。

……、効果がないですか、学校には、校歌（効果）があるけどなあー。

私の言葉遊び（ダジャレ）のレベルも、これくらいです。ところが、……、確かに校歌はありますね。もちろん、本人は、素晴らしい、と思っています。それでも、学生からは、先生の言葉遊び（ダジャレ）、レベルが低いよー。……といわれています。

そのとき、少しだけですが、心の中で、くやしい。……とつぶやいています。本当ですよ。でも、いつ役に立つかわかりません。内緒で、創作した事実（日付）を残しておこう。……と思っています。

私は、郵便局の切手の日付（割印）を利用しています。いつ、どんな言葉遊び（ダジャレ）をいったか、内容も大切ですが、その日付が大切になりますからね。

●言葉遊び（ダジャレ）は著作権

カッコよくいうと、私はいつも、言葉遊び（ダジャレ）の研究（!?）をしています。

どれくらいウケるか、すぐに確認をしています。それで、いつでも、できばえを確認しています。

学生は、私の講義をウケ「受け（受講）」ています。言葉遊び（ダジャレ）もウケています（!?）。たとえば、会話の中で、あなたは美形ですね。……といっています。美形は、美系（美術系）の意味です。とても喜んでくれている。……と、本人は勝手に思っています。

そこで、私は理系（工学部）出身です。と、いうのです。……、本人は、会話の中で、言葉遊び（ダジャレ）が多いとは思っていませんが、いつも、こんな調子です。

「頭」「脳」の体操になるでしょう。ウーン、……と、悩ませていますか、でも、ニコッとしていただけるでしょう。これが、中本の味のモト（本）です。得意技（ワザ）です。だから、寛大な気持ちでお許しください。家では、非常勤お父さん、と呼ばれています。いつも、家にいなくて、自分の好きなことをやっているからです。

2. 健康器具の分野にチャレンジしてみよう

先生、健康に関する器具や治療器に興味があります。だけど、どんな健康器具を考えればいいですか。

自分も丈夫になりたい。……と思うモノを探すのです。そうすれば、心も、体も元気になれます。だから、市場は無限といってもいいでしょう。ちょっとしたヒントが多くの人を笑顔にします。

いま、会社でも、家庭でも、学校でも、ストレスが問題になっています。

仕事でも、学習でもそうですが、いい結果につながらないことがあります。すると、考え方がマイナス「一」思考になってしまうのです。こうしたことが原因の一つになって、人は健康をそこないつつあります。近くの書店に行ってみてください。○○健康法、といった本が並んでいます。こんなときは、健康に関する器具や治療器を考えるのです。すると、それが流れに乗って、形「製品」に結びつくのです。

そこで、昔からある肩たたきとか、……。青竹を二つに割った青竹踏みは、いまでも多くのファンがいます。そうした身近なものを近代化していただきたいです。

そして、もう一度、世に出すことを考えてください。思いついたものを書いてください。

たとえば、足踏み健康器具です。健康産業が幅をきかせています。

飽食時代、飽物時代となって、いまだれでもほしいものは、健康です。それで、健康器具をテーマに決めている人がたくさんいます。

それも本格的な治療器具というより、肩を揉むものや指圧具のような身近なものです。また、磁石を利用したものなどです。それらをヒントにするのです。そして、もっとうまい方法はないか。……といろいろな、健康器具を考えてみませんか。

●足踏み健康器具の先行技術（先願）を一緒に調べてみよう

特許情報プラットフォーム（J-PlatPat）を開いてください。↓「簡易検索」の画面が表示されます。「○四法全て◎特許・実用新案○意匠○商標」の中から「◎特許・実用新案」を選びます。「◎特許・実用新案」の「入力ボックス」に検索のキーワードを入力します。たとえば「足　踏む　健康」と入力します。↓「検索」をクリックしてください。↓文献番号が表示されます。「文献番号」をクリックしてください。発明の「書誌＋図面」が表示されます。その画面の下のほうをみてください。「要約＋請求の範囲＋詳細な説明＋図面」が表示されます。「要約」→「開く」にしてください。内容がみれます。同じ要領で、「請求の範囲」、「詳細な説明」、「図面」→「開く」にしてください。内容がみれます。

「足踏み健康器具」に関する情報がみつかります。「明細書」の形式に、あなたの発明の内容を整理してくださいね。従来の問題（欠点）は、工夫したところは、発明の効果は、……、個条書きでいいです。新しい形の「足踏み健康器具」ができますよ。

3. 履物の分野にチャレンジしてみよう

先生、靴とかサンダルは、履物の会社でつくってくれたのを履くだけで、いいと思っています。それだけではいけませんか。

靴とかサンダルとか草履などは、比較的、人目につかないところです。
だから、新しい作品のネタもない、と思いがちです。ところが、じっさいには、そこが穴場になっています。

たとえば、泥水が飛びはねしない靴を考える人もいます。でも、まだ、なるほど、これは素晴らしい。……といえるものがありません。

下駄でもそうです。下駄はもう過去のもの、と見捨てないでください。意外に残された面があるかもしれませんよ。足もとをみよ、という言葉があります。新しい作品も、一つ足もとから考えてみてはいかがでしょうか。

たとえば、足にスリッパを装着した状態で、歩行しながら室内の床面などを掃除ができるスリッパです。歩行しながら、自然に室内の床面などの掃除ができると、いいのになあー。……と思ったこと、ありませんか。多くの人が体験することだと思います。小さな要望です。ここで、問題意識をもてば特許・発明のステップをふみだせます。

そして、考えると気がつくのです。スリッパの裏面に掃除具をつければ便利になる。……、と解決案を思いつくのです。掃除ができるスリッパなら、意識的に室内の床面の清掃をするのではなく、スリッパを履いて歩行をしながら自然に掃除ができている。……というのです。運動不足（!?）も一気に解消できて、一石二鳥です。

●掃除ができるスリッパの先行技術（先願）を一緒に調べてみよう

特許情報プラットフォーム（J-PlatPat）を開いてください。↓「簡易検索」の画面が表示されます。「○四法全て◎特許・実用新案○意匠○商標」の中から「◎特許・実用新案」を選びます。「◎特許・実用新案」の「入力ボックス」に検索のキーワードを入力します。たとえば「スリッパ　掃除」と入力します。↓「検索」をクリックしてください。↓文献番号が表示されます。「文献番号」をクリックしてください。発明の「書誌＋図面」が表示されます。その画面の下のほうをみてください。「要約＋請求の範囲＋詳細な説明＋図面」が表示されます。「要約」↓「開く」にしてください。内容がみれます。同じ要領で、「請求の範囲」、「詳細な説明」、「図面」↓「開く」にしてください。内容がみれます。

「掃除ができるスリッパ」に関する情報がみつかります。「明細書」の形式に、あなたの発明の内容を整理してくださいね。従来の問題（欠点）は、工夫したところは、発明の効果は、……、個条書きでいいです。新しい形の「掃除ができるスリッパ」ができますよ。

4. ユーモアの分野にチャレンジしてみよう

先生、私は、珍発明が大好きです。それで、作品を考えると東京発明学校で発表しています。……、いつも笑われています。それでも大丈夫でしょうか。


テレビや雑誌などで活躍している人は、新しいモノを考えることが大好きです。

それが、学者であれ、実業家であれ、芸能人であれ、ほとんど例外なくそうです。

いつも新しいことを考えていなければ一流人になれないからです。

一流人は、どちらかといえば、実利のある作品より、腹をかかえて笑えるような作品にしませんか、ユーモアのある作品を考えませんか、……というようにユーモアを好みます。頭がやわらかく、社会を明るくしよう、とする心が強いからです。

病気を患っている人は、ベッドの上でさかんに、迷案、珍案をだしあって、たくさん笑って、心の明るさを取り戻しています。

主婦は、掃除をしながら、迷案、珍案をだして、ワクワク、ドキドキしながら心をはずませています。

窓ぎわ族は、鉛筆をなめなめ、川柳を考えるように風刺的なユーモアのある作品を考えてニタリと笑っています。

世の中が不況になると、地震だ、火事だ、病気だ、消費税だ、増税だ、自殺だ、殺人だ、と、どちらを向いても話題といえば暗い話ばかりです。

その中にユーモア性が一服の清涼剤になります。

多くのサラリーマンは、庭つきの一軒家の生活を夢みています。ところが、その夢もなかなか実現しません。そこで、少しでもマイホームの庭の芝を満喫できるような、そんな発想から生まれたのが、サンダルの表面に人工芝を粘着剤で貼った、人工芝をつけたサンダルです。昔から、珍発明で笑いをさそうものがあります。

中には話を聞くだけで笑ってしまうものだってあります。たいていは、ある点から飛躍しすぎて考えた作品です。たとえば、へん平足をなおす下駄です。竹筒をタテに半分に割って、それに鼻緒をつけた下駄です。

昔から、へん平足を矯正したり、あるいは、健康になるため竹筒をタテに半分に割って、その上を土踏まずで踏むのがいい、といい伝えられて実行されています。

この下駄は残念ですが、形「製品」には結びつきませんでした。しかし、珍発明として、今後、長く残るでしょう。この考え方、もっと変化をつければ、意外に形「製品」に結びつくかもしれませんよ。形、材料、靴、サンダルを連想して一つ考えてみてください。

●掃除ができるスリッパの先行技術（先願）を一緒に調べてみよう

特許情報プラットフォーム（J-PlatPat）を開いてください。↓「簡易検索」の画面が表示されます。「◯ 四法全て ◎ 特許・実用新案 ◯ 意匠 ◯ 商標」の中から「◎ 特許・実用新案」を選びます。「◎ 特許・実用新案」の「入力ボックス」に検索のキーワードを入力します。たとえば「サンダル　健康」と入力します。↓「検索」をクリックしてください。↓文献番号が表示されます。「文献番号」をクリックしてください。発明の「書誌＋図面」が表示されます。その画面の下のほうをみてください。「要約＋請求の範囲＋詳細な説明＋図面」が表示されます。「要約」↓「開く」にしてください。内容がみれます。同じ要領で、「請求の範囲」、「詳細な説明」、「図面」↓「開く」にしてください。内容がみれます。

「健康サンダル」に関する情報がみつかります。「明細書」の形式に、あなたの発明の内容を整理してくださいね。従来の問題（欠点）は、工夫したところは、発明の効果は、……、個条書きでいいです。新しい形の「健康サンダル」ができますよ。

●下駄の先行技術（先願）を一緒に調べてみよう

特許情報プラットフォーム（J-PlatPat）を開いてください。↓「簡易検索」の画面が表示されます。「○四法全て◎特許・実用新案○意匠○商標」の中から「◎特許・実用新案」を選びます。「◎特許・実用新案」の「入力ボックス」に検索のキーワードを入力します。たとえば「下駄　健康」と入力します。↓「検索」をクリックしてください。↓文献番号が表示されます。「文献番号」をクリックしてください。発明の「書誌＋図面」が表示されます。その画面の下のほうをみてください。「要約＋請求の範囲＋詳細な説明＋図面」が表示されます。「要約」↓「開く」にしてください。内容がみれます。同じ要領で、「請求の範囲」、「詳細な説明」、「図面」↓「開く」にしてください。内容がみれます。

「健康下駄」に関する情報がみつかります。「明細書」の形式に、あなたの発明の内容を整理してくださいね。従来の問題（欠点）は、工夫したところは、発明の効果は、……、個条書きでいいです。新しい形の「健康下駄」ができますよ。

5．文具用品・教材の分野にチャレンジしてみよう

先生、いま、何百万人という教育ママが、受験のためとはいえ子どもの教育に力を入れています。それで、私は、受験の助けになるモノを工夫しています。そして、その作品は多くの人に受け入れられる、と思っています。

多くのお母さん、眉をひそめ、声を荒らげて、叱咤激励するだけが教育ではありませんよ。一歩さがって、どうすれば能率的に学習ができるか。……と考えるのです。するとと自然に、文具や教材の学習用の作品が生まれます。

楽しみながら学習ができるもの、それができたらどんなに喜ばれるでしょうか。

学校の先生、受験生のいる家族は、この方面のオリジナルの作品を考えてみませんか。

たとえば、鉛筆の形を五角形にした、五角〔合格〕鉛筆です。

受験期が近づくと、受験生も、親も目の色が変わります。合格祈願に神社仏閣に参り絵馬に

祈りを込めています。たとえば、五角形にした筆記具に、「必勝」という名前（ネーミング）をつけたくて商標に出願をした人がいます。

「必勝」の筆記具を使っているから合格できる。……とは限りませんが、おぼれる者はわらをもつかむ、のたとえどおり、つい、それをもちたくなるものです。

このように、人は弱さをもっています。そこで、五角（合格）鉛筆を考えた人がいます。鉛筆を五角形にして、五角（合格）を連想させます。そして、鉛筆の途中に、ゴムの輪をつけます。すると、すべらないというのです。

●商標の検索を一緒に体験してみよう

特許情報プラットフォーム（J-PlatPat）を開いてください。↓「簡易検索」の画面が表示されます。「○四法全て○特許・実用新案○意匠◎商標」の中から「◎商標」を選びます。「◎商標」の「入力ボックス」に検索のキーワードを入力します。たとえば「必勝」と入力します。

↓「検索結果一覧」が表示されます。

↓「出願番号／登録番号」などが表示されます。↓「出願番号／登録番号」をクリックしてください。↓「選択された文献」が表示されます。

ここで、少し練習をしてみましょうか。それでは、「ありがとう」、「当選」、「とりあえず」を調べてみましょう。「検索」が不安なときは、気軽に相談してください。パソコンを使いながら一緒に調べてみましょう。

6. 事務用品の分野にチャレンジしてみよう

先生、私は、むずかしい大型事務機の改良は別として、机の上にある、筆記具、筆立て、パソコンの周辺で使う小物品、電話機につけるモノを考えています。

そうしたもので、自分のために、同僚のために、事務の能率をあげるものを考えています。

机の前に座ったら、観察眼を光らせています。とっても、仕事が楽しいです。


会社の提案制度の係の人からよく聞くことがあります。事務系（文科系出身）の人は提案件数が少ない、というのです。そこで、事務系の人を指導するとき、事務用品の改良をすすめます。たとえば、オフィスの棚などはスチール製です。それで釘が使えません。すると、メモ用紙が吊るせないのです。

そんなとき、磁石をつけたクリップを考えた人がいます。これが、いまオフィスなどで使われている、磁石クリップです。鉄製の黒板に押しピンが使えなくなります。それで、紙押さえの磁石が流行するようなものです。

たとえば、メモクリップをつけたペンホルダーです。鉛筆の芯が折れないように鉛筆のキャップがあります。鉛筆（筆記具）はオフィスでも家でもよく使います。

ところが、いざ使おうとするときみつからなくて困った人も多いと思います。そこで、キャップを利用して鉛筆一本でも目立つようにしたいと考えたのです。

キャップの先端を球状にしたのです。クリップの突起部の穴の中に、このキャップの球の部分を差し込みます。そして、クリップの部分にメモ用紙をはさみ込みます。

このメモクリップをつけたペンホルダーを、机の上とか電話機とかメモ板などに、両面テープなどで固定すればいいのです。

これなら、鉛筆（筆記具）やメモ用紙を探すこともなくなります。

●メモクリップの先行技術（先願）を一緒に調べてみよう

特許情報プラットフォーム（J-PlatPat）を開いてください。↓「簡易検索」の画面が表示されます。「○四法全て◎特許・実用新案○意匠○商標」の中から「◎特許・実用新案」を選びます。「◎特許・実用新案」の「入力ボックス」に検索のキーワードを入力します。たとえば「メモクリップ」と入力します。↓「検索」をクリックしてください。↓文献番号が表示されます。「文献番号」をクリックしてください。発明の「書誌＋図面」が表示されます。その画面の下のほうをみてください。「要約＋請求の範囲＋詳細な説明＋図面」が表示されます。「要約」↓「開く」にしてください。内容がみれます。同じ要領で、「請求の範囲」、「詳細な説明」、「図面」↓「開く」にしてください。内容がみれます。

「メモクリップ」に関する情報がみつかります。「明細書」の形式に、あなたの発明の内容を整理してくださいね。従来の問題（欠点）は、工夫したところは、発明の効果は、……、個条書きでいいです。新しい形の「メモクリップ」ができますよ。

7. 赤ちゃん用品の分野にチャレンジしてみよう

先生、私は、赤ちゃん用品に興味があります。無限に考えられそうです。
そこで、いつも、親戚の赤ちゃん、友人の赤ちゃんを観察しています。
それで、いいですか。

〝アイデアは愛である〟……という言葉があります。

○○さん家に赤ちゃんが生まれました。子育てをはじめて体験する二人は、毎日の生活が一変しました。赤ちゃんがいる多くの家庭で同じようなことを体験していると思います。

そして、子育てを楽しみながら、愛情の深いお母さん、お父さんが、子育てに必要な赤ちゃん用品を考えます。たとえば、赤ちゃんはオムツをたくさん使います。雨の日はオムツがなかなか乾きません。そういうとき、なんとかならないか、と母親の優しさを発揮するのです。そして、オムツ用のハンガーなどの改良にチャレンジします。

このように赤ちゃんのものは無限に考えられます。さあー、あなたも思いっきり、親戚の赤ちゃん、友人の赤ちゃんを観察してみてください。

ヒントがたくさんみつかると思います。参考に赤ちゃんが使う製品を紹介しましょう。

代表的なものに、哺乳瓶、茶碗、親子ベルト、歩行器、おもちゃなどがあります。このような製品の改良案を思いつくまま次々にメモをしてください。

●赤ちゃんの哺乳瓶の先行技術（先願）を一緒に調べてみよう

特許情報プラットフォーム（J-PlatPat）を開いてください。↓「簡易検索」の画面が表示されます。「○ 四法全て ◎ 特許・実用新案 ○ 意匠 ○ 商標」の中から「◎ 特許・実用新案」を選びます。「◎ 特許・実用新案」の「入力ボックス」に検索のキーワードを入力します。たとえば「赤ちゃん　哺乳瓶」と入力します。↓「検索」をクリックしてください。↓文献番号が表示されます。「文献番号」をクリックしてください。発明の「書誌＋図面」が表示されます。その画面の下のほうをみてください。「要約＋請求の範囲＋詳細な説明＋図面」が表示されます。「要約」↓「開く」にしてください。内容がみれます。同じ要領で、「請求の範囲」、「詳細な説明」、「図面」↓「開く」にしてください。内容がみれます。

「赤ちゃんの哺乳瓶」に関する情報がみつかります。「明細書」の形式に、あなたの発明の内容を整理してくださいね。まず、図面（説明図）を描いてください。その次に、「明細書」を書いてください。従来の問題（欠点）は、工夫したところは、発明の効果は、……、個条書きでいいです。新しい形の「赤ちゃんの哺乳瓶」ができますよ。

8．台所用品の分野にチャレンジしてみよう

先生、私にとって一番身近な製品は台所用品です。毎日、自分が手がけています。だから、不便なところもよくわかっています。

それで、テーマを台所用品の分野にチャレンジしよう、と思っています。

テーマの選び方は、これで、いいですか。

最近は、男性もたまの休みの日などは食事の準備をする人も増えています。日頃、台所に入っていないので、珍しさも手伝ってよけいに不便なところが気になります。

台所用品の改良では、男性の作品も多くなりました。いずれにしても、作品は簡単な小道具です。

毎日の生活の中で問題がみつかれば、すぐに、図面（説明図）を描いてください。手づくりで試作品がつくれます。すると、問題点（欠点）を改良できます。

また、試作しやすいものほど、製品になる可能性が高くなります。たとえば、箸置きをつけた割箸です。割箸は、便利です。一般家庭でも使われています。多くの家庭でお客さんがきたときは、箸置きを用意すると思います。でも、割箸には、箸置きがついていません。

また、出張や旅の車中で駅弁などを食べるときもそうです。膝の上で弁当の包装をとき、割箸を二つに割ろうとします。だけど、両手が空いていません。

片手ではバランスよく割れなくて失敗することもあります。そんなとき、男の人はつい割箸の片側を口にくわえて割ったりします。……、わかりますが、あまり、カッコがいいとはいえません。そこで、割箸に箸置きをつけて一体にしたらどうか、と考えたのです。

割箸の一端にV字型の切り込みをつけます。使うときV字型の切り込みのところで、パチンと折れば、二つにキレイに割れて、箸置きと割箸になるのです。

●箸置きをつけた箸の先行技術（先願）を一緒に調べてみよう

特許情報プラットフォーム（J-PlatPat）を開いてください。↓「簡易検索」の画面が表示されます。「○四法全て◎特許・実用新案○意匠○商標」の中から「◎特許・実用新案」を選びます。「◎特許・実用新案」の「入力ボックス」に検索のキーワードを入力します。たとえば「箸　箸置き」と入力します。↓「検索」をクリックしてください。↓文献番号が表示されます。「文献番号」をクリックしてください。発明の「書誌＋図面」が表示されます。その画面の下のほうをみてください。「要約＋請求の範囲＋詳細な説明＋図面」が表示されます。「要約」↓「開く」にしてください。内容がみれます。同じ要領で、「請求の範囲」、「詳細な説明」、「図面」↓「開く」にしてください。内容がみれます。

「箸置きをつけた箸」に関する情報がみつかります。「明細書」の形式に、あなたの発明の内容を整理してくださいね。従来の問題（欠点）は、工夫したところは、発明の効果は、……、個条書きでいいです。新しい形の「箸置きをつけた箸」ができますよ。

9．調理器具の分野にチャレンジしてみよう

先生、質問してもいいですか。最近は、調理器具をうまく使えない人が多くなった、と聞いています。そこで、私も、調理器具の改良にチャレンジしよう、と思っています。何かヒント教えてください。


調理器具をうまく使えない人が多くなると、そこに、町の発明家が立ち入る余地がでてくるわけです。だから、作品のタネが多くなった、といえます。

たとえば、巻きずしをつくると、芯が一方に片寄った巻きずしができてしまいます。このように、うまくつくれない人がいます。だから、子どもでもつくれる巻きずし器の作品が生まれるわけです。

そうです。調理器具は穴場です。たとえば、ジャガイモの芯取りが大変です。だから、その、芯取り器の作品が生まれるのです。魚のウロコを取るのが面倒です。だから、凹凸部のついた、

ウロコ取り兼皮むき器を考えるのです。

このように、男性も、女性も料理をつくるときに使う小道具を考えることは楽しいと同時においしい料理が食べられる。……という効果もあります。

たとえば、子どもが、学校の遠足などにでかけるとき、おにぎりをつくる人が少なくなっています。それで、コンビニで買うお母さんもいるそうです。……とはいっても、格好やおいしさは、別として、やはりお母さんがつくってくれた愛情おにぎりが一番ですよね。

そのため、おにぎり巻き具や三角、丸型のおにぎりをつくるための小道具を考えます。

そこで、スナック感覚で食べられるようにした薄型タイプの、おにぎりをつくるための容器が誕生したのです。この容器なら、だれでも、手軽で、簡単に、気軽に、楽しみながらおにぎりをつくることができます。

●おにぎりをつくるための小道具の先行技術（先願）を一緒に調べてみよう

特許情報プラットフォーム（J-PlatPat）を開いてください。↓「簡易検索」の画面が表示されます。「○ 四法全て ◎ 特許・実用新案 ○ 意匠 ○ 商標」の中から「◎ 特許・実用新案」を選びます。「◎ 特許・実用新案」の「入力ボックス」に検索のキーワードを入力します。たとえば「おにぎり　作る」と入力します。↓「検索」をクリックしてください。↓文献番号が表示されます。「文献番号」をクリックしてください。発明の「書誌＋図面」が表示されます。その画面の下のほうをみてください。「要約＋請求の範囲＋詳細な説明＋図面」が表示されます。「要約」↓「開く」にしてください。内容がみれます。同じ要領で、「請求の範囲」、「詳細な説明」、「図面」↓「開く」にしてください。内容がみれます。

「おにぎりをつくるための小道具」に関する情報がみつかります。「明細書」の形式に、あなたの発明の内容を整理してくださいね。従来の問題（欠点）は、工夫したところは、発明の効果は、……、個条書きでいいです。新しい形のおにぎりをつくるための小道具ができますよ。

10. ハンガー用品の分野にチャレンジしてみよう

先生、質問してもいいですか。私は、毎日一回は、ハンガーのお世話になっています。

だから、ハンガーは、身近なテーマだと思っています。また、ハンガーの種類は、たくさんあります。

そこで、いま、使っているハンガーに問題（欠点）がないか、あらためて、確認をしようと思っています。

たとえば、サラリーマンの人は、服を脱いで、ワイシャツをとり、ズボンを脱ぐ、その順序は人によって少し違いますが、そのどれもが、ハンガーに掛けます。

ハンガーは、身近なモノで、ハンガーの種類もたくさんあります。たとえば、空気でふくらませるもの、すべらないように肩のところに接着テープを張りつけたもの、折りたたみ式のもの、……、などです。このように多種あります。

ところが、左右の幅は固定式のものが一般的です。個々の衣類のサイズに対応させるのは大変です。そのため、衣類の大きさに合わせたハンガーが必要です。だからといって、間に合わせで、針金ハンガーを使用すれば、肩の部分の型くずれの原因にもなります。

そこで、サイズに合うように、そろえれば種類がふえるばかりです。そんなとき、ああ面倒だ。……とだれでも思うでしょう。そうすると、具体的な課題（問題）に気がつくのです。

たとえば、すべり落ちる。型くずれする。……、これを中心に考えてもいいと思います。旅行用のハンガー、自動車や列車の中で使うハンガーを考えてもいいと思います。洗濯に関する作品で、町の発明家の代表的なものは、洗濯機の糸くず取り具です。毎日、洗濯をしている主婦やＯＬは、ヒントを見逃してはいけません。汚れたものを洗濯機に入れます。それを干します。乾かします。アイロンを当てます。次に着用します。その間に、観察力をはたらかせることです。いろいろ、不便なことや、やっかいなことや失敗がおこるハズです。課題（問題）をみつけて改良しましょう。

テーマをみつけるには、このように仕事を小さく区分するのです。たとえば、針金ハンガー用の肩パットです。クリーニング店に、ワンピース、洋服などを洗濯に出すと針金ハンガーに掛けた状態で返してもらえます。だけど、この針金ハンガーは、ほとんどが使い捨てです。針金が細いため型くずれがするからです。しかし、使い捨てです。もったいないです。

そこで、型くずれしないようにかわいいレモンを半分にカットした形の肩パットを考えたのです。針金ハンガーの両端にワンタッチではめ込むだけで使えます。

●針金ハンガーの先行技術（先願）を一緒に調べてみよう

特許情報プラットフォーム（J-PlatPat）を開いてください。↓「簡易検索」の画面が表示されます。「◯四法全て◎特許・実用新案◯意匠◯商標」の中から「◎特許・実用新案」を選びます。「◎特許・実用新案」の「入力ボックス」に検索のキーワードを入力します。たとえば「ハンガー　針金」と入力します。↓「検索」をクリックしてください。↓文献番号が表示されます。「文献番号」をクリックしてください。発明の「書誌＋図面」が表示されます。その画面の下のほうをみてください。「要約＋請求の範囲＋詳細な説明＋図面」が表示されます。「要約」↓「開く」にしてください。内容がみれます。同じ要領で、「請求の範囲」、「詳細な説明」、「図面」↓「開く」にしてください。内容がみれます。

「針金ハンガー」に関する情報がみつかります。「明細書」の形式に、あなたの発明の内容を整理してくださいね。従来の問題（欠点）は、工夫したところは、発明の効果は、……、個条書きでいいです。新しい形の「針金ハンガー」ができますよ。

11. 乗物の分野にチャレンジしてみよう

先生、私は、乗り物が大好きです。

自動車関連の詳しい機械などの知識がないので、車の中にそなえつけたい小物なら考えられます。それで、車内用の傘立てなど、思いついた作品の図面（説明図）を描いています。


成長産業の付属品をねらえ、という言葉があります。

たとえば、自転車産業がもてはやされるときは、その付属品である、荷カゴやスタンドの改良とか、ベルの工夫をしてみませんか。乗る人が喜びそうな作品は形「製品」になります。

自動車は、毎年、各自動車会社が新車をだします。その方面の作品は、課題（問題）はわかっていても、自動車関連の詳しい機械などの知識がないと、それをどのような方法で解決するか、その手段を図面（説明図）に描いて、構造（しくみ）の説明ができなければ、思いつきだけで発明とはいえません。

したがって、町の発明家にはちょっとむずかしい分野です。ところが、車の中にそなえつけたい小物なら、乗り物が好きな人なら、だれでも考えられます。

そこで、自動車に乗っている人は、この車に何をつけたら便利になるか、考えてみましょう。そして、図面（説明図）を描いてください。

自転車やバイクに乗っている人も同じです。子どもの三輪車からヒントをえて主婦の買いもの三輪車をつくったら、形「製品」になった、という好例もあります。

たとえば、車内用の傘立てです。ドシャ降りの雨の日、自動車の車内は傘のしずくで足場が濡れてしまいます。そこで、傘立てを工夫します。

傘立て以外でも、車内で缶やペットボトルなどの飲料水を飲んで置き場所に困ったことは、ありませんか。そこで、ハンガー、ゴミ箱、など、車内にあれば便利だ、と思うものをあれこれメモしておいて、図面（説明図）を描いて、手づくりで試作品をつくり、実験（テスト）してみましょう。

●車内用の傘立ての先行技術（先願）を一緒に調べてみよう

特許情報プラットフォーム（J-PlatPat）を開いてください。↓「簡易検索」の画面が表示されます。「○四法全て◎特許・実用新案○意匠○商標」の中から「◎特許・実用新案」を選びます。「◎特許・実用新案」の「入力ボックス」に検索のキーワードを入力します。たとえば「車内　傘」と入力します。↓「検索」をクリックしてください。↓文献番号が表示されます。「文献番号」をクリックしてください。発明の「書誌＋図面」が表示されます。その画面の下のほうをみてください。「要約＋請求の範囲＋詳細な説明＋図面」が表示されます。「要約」↓「開く」にしてください。内容がみれます。同じ要領で、「請求の範囲」、「詳細な説明」、「図面」↓「開く」にしてください。内容がみれます。

「車内用の傘立て」に関する情報がみつかります。「明細書」の形式に、あなたの発明の内容を整理してくださいね。従来の問題（欠点）は、工夫したところは、発明の効果は、……、個条書きでいいです。新しい形の「車内用の傘立て」ができますよ。

12. 趣味の分野にチャレンジしてみよう

先生、私の趣味は、発明です。

私は、○○が好きの人のために、どうすれば○○が上達するか、といろいろな小道具を考えています。多くの人の役に立つように、情報を集めて、形「製品」に結びつくように、手づくりで試作品をつくり、便利になったか、確認をしています。

あなたの趣味は、……と聞かれたとき、○○です。……、と答えるでしょう。

たとえば、旅行、園芸、魚釣り、ゴルフなどが趣味です。

仕事が忙しい人ほど趣味もまた広いといわれています。

また、ＩＴ（情報化）社会になればなるほど機械化が多くなります。すると趣味も広くなります。内容も多様化していきます。そして、その道のためには、お金も使うでしょう。

実施に練習をして、プロに近い域に達している人もいます。

植木の好きな人が、旅行中は水をやらなくても大丈夫です、という管を考えました。

釣りの好きな人が、夜光塗料を塗った浮きを考えました。

ゴルフ好きの人は、どうすれば上達するか、といろいろな小道具を考えます。するとそれは必ず役に立ちます。形「製品」になるでしょう。ゴルフの回転練習器などは、まさにその好例です。

そこで、提案したいことは、趣味の分野の中から同じ趣味をもつ人のために、こんなものがあったら、上達も早いし、便利だ、というものを考えてはどうか、ということです。

たとえば、じょうろです。マンションの狭いベランダに、植木鉢を並べて楽しんでいる人がいます。ところが、いつも困ることがあります。それは、植木に水をやったあと、じょうろを置く場所がないことです。狭いベランダでは、じょうろの長い放水管が邪魔です。そこで、横に突きだした放水管は、なんとかならないか、と考えたのです。

思いついたのが縦形の容器をつくり、その口の部分に放水管をつけてみたら、ということです。縦形にしたじょうろです。

●じょうろの先行技術（先願）を一緒に調べてみよう

特許情報プラットフォーム（J-PlatPat）を開いてください。↓「簡易検索」の画面が表示されます。「○四法全て◎特許・実用新案○意匠○商標」の中から「◎特許・実用新案」を選びます。「◎特許・実用新案」の「入力ボックス」に検索のキーワードを入力します。たとえば「じょうろ　水」と入力します。↓「検索」をクリックしてください。↓文献番号が表示されます。「文献番号」をクリックしてください。発明の「書誌＋図面」が表示されます。その画面の下のほうをみてください。「要約＋請求の範囲＋詳細な説明＋図面」が表示されます。「要約」↓「開く」にしてください。内容がみれます。同じ要領で、「請求の範囲」、「詳細な説明」、「図面」↓「開く」にしてください。内容がみれます。

「じょうろ」に関する情報がみつかります。「明細書」の形式に、あなたの発明の内容を整理してくださいね。従来の問題（欠点）は、工夫したところは、発明の効果は、……、個条書きでいいです。新しい形の「じょうろ」ができますよ。

第4章

「チェックリスト」で、目標を決めよう

1. すぐに、成功のチャンスがみつかる「チェックリスト法」

●チェックのミスがないように

「チェックリスト法」とは、課題（問題）を解決する仕方や方法がみつからないとき、課題（問題）の評価をするとき、など、……、チェックのミスがないように、その項目を一覧表にまとめたものです。

その項目に照らして考えると新しい作品が浮かびやすくなる、というわけです。だから、多くの人がさかんに使っています。

たとえば、工程の管理、組織の管理、事務の改善のためのチェックリストなどがあります。

「チェックリスト法」は、アメリカの広告会社の社長さんだったアレックス・A・オズボーン氏が創作した有名な発想法です。

さっそくですが、ここでチェックリストのメリット、デメリットを紹介しましょう。

《メリット》

□①大切な点を見落とすことがなくなります。

□②連想の動きが増大します。

……、などです。

《デメリット》

□①その決められた範囲内で考えてしまうおそれがあります。

□②それに頼りすぎて自発的に考える習慣を失いやすくなります。

……、などがあります。

「チェックリスト法」は、以上のように、プラスの面もマイナスの面もあります。でも、チェックリスト法には、プラス「＋」発想に生かせる点がたくさんあります。

だから、読者も発想力を高めるため形「製品」に結びつく作品のヒントをつかむために、大いに活用していただきたいと思います。

マイナス「－」面が気になる人は、職場でも、家庭でも、プラスドライバーだけを使うようにするといいかもしれませんよ。

電池は「＋」と「－」でバランスを取っていますけどね。余談ですが(十一月十一日)「十一・十一

（プラスマイナス・プラスマイナス）」は電池の日です。

デメリットのリストは、企業は別として発明者（創作者）は、自分の作品が一番素晴らしいと思っているケースが多いです。だから、リストをつくるのはむずかしいかもしれません。

そういうときは、周りの人（第三者）、たとえば、彼女（彼）に評価をお願いするといいかもしれませんね。

チェックリスト法には、多くのチェック項目があります。

その中で、発明の創作活動に、いま、すぐに、活用できる代表的な８つの項目を紹介したいと思います。

《8つのチェック項目》

□ **①○○を○○に使えないか**
材料や製品、廃品などについて、新しい使い方を創作する方法です。

□ **②○○からアイデアのヒントが借りられないか**
その○○の課題（問題）と似たものからヒントを借りてくることです。

□ **③○○を○○に変えてみたらどうか**

物の形や色などを変えてみることです。

□　**④○○を大きくしたらどうか**

いまあるものを大きくしたり、何かをつけ加えたりすることです。

□　**⑤○○を小さくしたらどうか**

いまあるものを軽くしたり、薄くしたり、短くしたり、小さくすることです。

□　**⑥○○と○○を取り替えたらどうか**

材料を変えたり、順序を変えたり、配列を変えたりすることです。

□　**⑦○○と○○を逆にしてみたらどうか**

「前と後」、「左と右」、「上と下」を逆にしてみることです。

□　**⑧○○と○○を組み合わせたらどうか**

いい作品が思い浮かばないときは、「Ａ＋Ｂ＝Ｃ」のように違うものを組み合わせてみることです。

それでは、次に、この「チェックリスト法」の項目一つ一つを簡単に紹介しましょう。

2. ○○を○○に使えないか、と考えてみよう

新しい作品を生みだすとき、○○を○○の用途に使えないか、……と考える方法です。

たとえば、材料や製品、廃品などについて、○○を○○の用途に使えませんか。……と考える方法です。

○○を○○に使えないか、……と考える方法は、とても便利で効率よく使えます。
たとえば、小さな事務用クリップの新しい用途を考えるときと同じです。

ここで、少し練習をしてみましょう。

小さな事務用クリップをみせて、みなさんだったら、この事務用クリップをどのように使いますか、いままでと違う使い方（用途）をできるだけたくさん考えてください。

……といった内容の課題（問題）を出すわけです。

この考え方は、新しい作品を生みだすときに都合がいい練習方法です。

具体的には、次のように考えることです。

自動車の古タイヤは、校庭の遊び用具に使えます。缶ビールやジュースの空き缶は、貯金箱に使えます、……といったように考えることです。

このように、新しい作品を創作するヒントは、たくさんころがっています。

仲のいい２人は、古タイヤに座って、いつも一緒にイタイヤといって……、会話を楽しんでいるのでしょうネ。

そこで、素晴らしい「発明ライフ」を一日も早く、実現するためには、発明家はテレビやインターネット、新聞、雑誌などで新製品の広告をみたら、すぐにパンフレットなどを取り寄せてください。その新製品のいいところをたくさんみつけるのです。それから新しい用途を工夫していただきたいと思います。

何でも興味をもって日頃から注意深く観察し、行動していれば作品が形「製品」に結びつくヒントはみつかるものです。

そこで、○○を○○に使えないかなあー、といった内容のことを自分に問いかけてみてください。そこから、新しい作品が生まれてくるのです。

3. ○○からヒントが借りられないか、と考えてみよう

○○からアイデアのヒントが借りられないか、と考える方法は、その課題（問題）と似たもののから新しい作品を工夫するヒントを借りてくる方法です。

たとえば、雑談中に、○○のそのヒントいただき、……、などとよく聞くと思いますが、それと同じようなことです。

具体的には、洋酒からヒントをえて、日本酒や焼酎のオンザロックをつくったらどうですか、……。頭を使うから、飲みすぎなくて（!?）健康的な飲み方ができますよ。

初歩の発明家の人が新しい作品を工夫するとき、よく活用している考え方です。

自転車のスタンドは、まな板を立てるスタンドに応用できます。……といった内容の作品を工夫することです。

スタンドをつけたまな板は、まな板の水切りをするときに補助具を使わなくてもいいように

工夫したわけです。このように、いろいろなものを観察して課題（問題）を解決するためのヒントにすればいいのです。そして、何でも借用する〝能力〟を養っておくことです。

ただし、先輩の発明家の作品や考え方をヒントにするときは、相手に迷惑をかけないように心掛けてくださいね。お願いします。

4．○○を○○に変えてみたらどうか、と考えてみよう

新しい作品は、いままでのものに少しだけ変化を加えることによって生まれるものです。

たとえば、町の発明家はつねに、物の形、大きさを変えたらどうか、製造過程を変えたらどうか、色を変えたらどうか、音を変えたらどうか、香りをかえたらどうか、動きを変えたらどうか、……と何でも、変えてみたらどうか、と考える方法です。

種々の面で、いままでのものに変更を加える習慣をつけると、新しい作品や課題（問題）の解決案が生まれてくるものです。

たとえば、丸い形の製品があると、それを四角にしたらどうか、と考えるといいのです。具体例では、円形のバケツの形状をハートの形にしてみました。……、このバケツは形をかえたらヒット商品になりました。

次は、真っ直ぐなところは曲げたらどうか、と考えます。太いところは細くしたらどうか、あるいは、固形状のものを粉状物にしたらどうか、……といった調子で考えることです。

このように、○○を○○に変えてみたらどうか、と考える方法は、初心者でも簡単に実行できると思います。しかも、それで大きな利益を生む可能性がでてきます。

5．○○を大きくしたらどうなるか、と考えてみよう

素晴らしいヒントや素晴らしい解決案「答え」がみつからなくて〝ウーン〟と考えたり、悩んだりしているときは、この、○○を大きくしたらどうなるか、……と考える方法です。いまあるものを大きく、それも、5倍、10倍、……、にしたり、何かをつけ加えたりして価値や効果の増大を図ろうとする方法です。

この考え方を使うと案外と簡単にヒントがみつかるかもしれません。

普通の製品に対して、デラックス型や豪華版を売りだします。

あるいは、キングサイズやお徳用の容器をつくるのも一例といえるでしょう。

……、このように考えることは一般的です。ところが、この考え方を活用すると効果は大きいです。

いや、もっと長くしたらどうか、広くしたらどうか、回数をふやしたらどうか、強さ、大き

さ、高さ、長さ、厚さを拡大したらどうか、温度を高くしたらどうか、……と何でも3倍、5倍、10倍、……、50倍、……、に拡大してみることです。

このようなルールにしたがって考えると筋道もたってきます。

たとえば、コーヒーを飲むカップの形状（デザイン）は美しいです。それなら、コーヒーカップの大きさを30倍、50倍にしてみましょう。……といったように考えてみるのです。カップの中に椅子をつける、と、この中に子どもが乗れます。それを動くようにしたら遊園地などで受けるだろう。……と考える方法です。

それが、いまどこの遊園地でもみかけるカップ型の乗り物です。

次は、テニスのラケットの話です。ラケットを大きくしたら球がよく当たるだろう。……といって大きくした人もいます。

床（布団）の中から電灯を点けたり、消したりできるように工夫した「点滅ヒモ」の作品もあります。

その作品は、電灯の点滅ヒモの長さを、2倍、3倍、……、にしたものです。

6. ○○を小さくしたらどうなるか、と考えてみよう

○○を小さくしたらどうなるか、と考える方法は、いまあるものを、小さくしてみることです。たとえば、5分の1、10分の1にしたら、……と考える方法です。

この発想法を使うと新しい作品ができなくて、どうしよう。……といって悩むこともなくなります。

○○を小さくしたらどうなるか、といった考え方は、とてもわかりやすいです。だから、多くの人が活用しています。

「軽・薄・短・小」という言葉があります。この言葉はいつまでも生きています。○○を小さくしたらどうなるか、はヒット商品の多くがその考え方を活用しているからです。

たとえば、携帯電話、マイクロテレビ、ビールの小びんなどがそうです。俳句(17文字)、盆栽、茶室などもそうです。

インスタント食品は、調理の所要時間を短くしました。

レコーダーはカセット式から、ポケットサイズのものまで出現しました。

最近は、カード商品が流行しています。薄く、さらに薄くすることがすべてに取り入れられたのです。カードキー、カードクリップなど食べ物までカード食品になってしまいました。これからも、まだまだカード状にしたものがたくさん生まれてくるでしょう。
○○を軽くしたら、薄くしたら、短くしたら、小さくしたら、温度を低くしたら、○○を省略したらと、どんなことについても、５分の1、10分の1にしたら、……といった発想はあらゆる分野で使えます。
もっと手近なところでは、折りたたみ式の傘も折りたたみ式のノコギリもみんな、小さくしたらどうなるか、といった、発明の定石から生まれたものです。

ゲートボール競技が中高年の人の間で流行っています。ゴルフだと広大な土地と自然の芝生が必要になります。その面積を小さくして、公園などの広場でできるように創作したのが、「ゲートボール」です。さらに、このゲートボールを室内でゲーム盤の上で、できるように工夫した人がいます。これはちょうど野球場を小さくして野球盤をつくったようなものです。

たとえば、軽くしたい、というのは重さだけではありません。健康食品の、塩を少なくする。

糖分を少なくする。……といったような内容のことです。

コーヒーを軽くしたアメリカンコーヒーもそうです。

消しゴムは厚いです。だから、手帳と一緒に持ち歩くことができません。そこで、これを「薄く、薄く」といってカッターで切って手帳にはさめるようにしました。

ハムは厚いから、これをフグのサシミのように超薄くすれば味もかわる。……といった作品もでました。

7. ○○と○○を取りかえたらどうか、と考えてみよう

○○と○○を取りかえたらどうか、と考える方法は〝取りかえ法〟と愛称されている方法です。
この方法は、課題（問題）を解決するための案（手段）がみつからないときは、この考え方を利用すると効果的です。

私なら○○をこうする、の定石にも、○○と○○を取りかえたらどうか、の考え方を使うことです。

この方法は、たとえば、材料をかえたらどうか、順序をかえたらどうか、配列をかえたらどうか、原因と結果をかえたらどうか、……といったように、何でも○○と○○を取りかえたらどうか、と考えることです。

赤ちゃんのオムツカバーは、昔はひもで結んでいました。それをマジックテープ（登録商標）に変えました。

キッチン用品に使っている吸盤を磁石に取りかえたら、いままでよりももっと機能的にならないだろうかと考えることです。

このように、課題（問題）を解決するときに、○○と○○を取り変えたらどうか、と考えると、簡単に解決案「答え」がみつかるものです。

私は講演などで具体的な例として、餅の中にアイスクリームを入れた「雪見だいふく」の話をよくします。

そこで、次のように、みなさんは、餅の中のアイスクリームのかわりに何を入れたらもっとおいしいと思いますか、……といった練習問題をだします。

……、すると、次のような「答え」がでます。

だいふくにイチゴを入れた「イチゴだいふく」は、どうですか。

だいふくにバナナを入れた「バナナだいふく」は、どうですか。

……、などです。

次のように考える方法もあります。

あるスーパーマーケットでは、レジの位置を移動したら客の流れがスムーズになったといいます。主婦は、気分転換をするため、家具の位置を変えたりしています。

8. ○○と○○を逆にしてみたらどうか、と考えてみよう

いまあるものの、前と後ろを逆にしてみたらどうか、上と下を逆にしてみたらどうか、上を

向いているものは、下に向けてみたらどうか、左と右を逆にしてみたらどうか、曲線形のものは、直線形にしてみたらどうか、立っているものは、横にしてみたらどうか、熱いものは冷やしてみたらどうか、……など、何でも○○と○○を逆にしてみたらどうか、……と考える方法です。

この方法は、課題（問題）を解決するための案（手段）がみつかるものです。○○と○○を逆にしてみたらどうか、の考え方を利用して、形「製品」に結びついた作品もあります。

たとえば、電気ゴタツを下からではなく上から温めるようにしました。ブラジャーのホックは後ろについていました。そのホックを前につけてみました。「逆も真なり」という数学の定理があります。そのように、作品でもヒット商品の逆もまた新しい作品になる確率も高くなりますよ、ということです。

9. ○○と○○を組み合わせたらどうか、と考えてみよう

○○と○○を組み合わせたらどうか、と考える発想法です。
創造や発明は、無から有をつくることではない、……のです。
既存のAとBをくっつけて少しかわったC「A＋B＝C」というものをつくることだといわれています。

新しい製品の開発に行き詰まったら、「A＋B＝C（鉛筆＋消しゴム＝消しゴムをつけた鉛筆）」のプラス「＋」発想で、何でも組み合わせてみることです。

「穴あけ用のパンチ＋ホッチキス」を組み合わせたら、それが形「製品」になり、「パンチキス」といった名称のヒット商品が生まれました。

「シャープペンシル＋ボールペン」を組み合わせた「シャーボ」も、この考え方から生まれました。

だから、発明の発想で行き詰まったら、何でも組み合わせてみることです。

カラオケブーム熟年社員は、マイクを握ったら離さない人もいます。そこで、ジョッキにマイク「ジョッキ＋マイク＝マイクをつけたジョッキ」をくっつけてみたら人気がでるかもしれません。

みなさんも形「製品」に結びついている作品をたくさん調べてください。

その後で、それ等をくっつけてみることです。くっつかないと思っても試しにくっつけてみると意外に変わったものができるかもしれませんよ。

それが結合のカギです。この習慣がついたら、一人前の発明家です。町の発明家は、いつも、自分だったら○○と○○を組み合わせてこうする。……といったように考えることです。

第5章

じっさいに「明細書」にまとめてみよう

1．じっさいに「明細書」の形式にまとめてみよう

□題材「拍子木」

「明細書」のまとめ方の事例は、火の用心で、夜まわりをするときに使用する拍子木です。いままでの拍子木は、角柱と角柱の木を一対にして、それをひもで結んだものでした。その角柱と角柱の拍子木を使うときは、互いに角柱の木の面と面で打ち合わせていました。そのため、同一音を連続的に発するためには、ある程度の練習と技術が必要でした。

【図1】

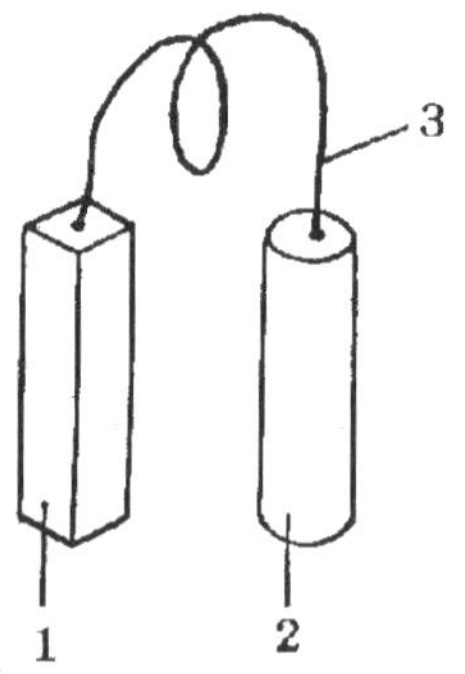

【図2】

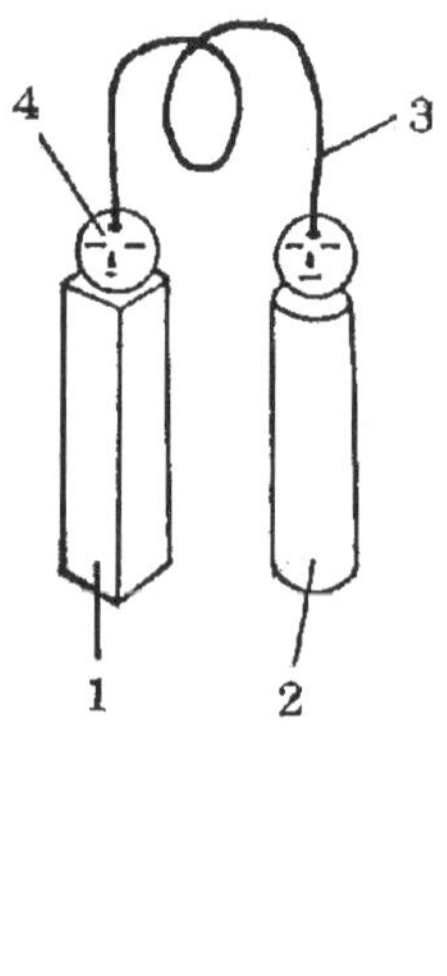

【図３】

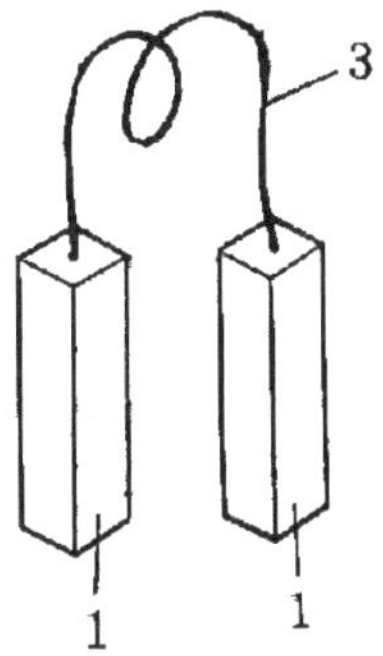

符号は、「１角柱、２円柱、３ひも、４握り部」です。

そこで、だれが使っても、同一音を簡単に発することができるように工夫しました。拍子木を改良して、新しい形の拍子木をつくりました。一方の角柱を円柱にして、角柱と円柱の木を一対にして、それを、ひもで結びました。

角柱と円柱の木を打ち合わせるとき、角柱の面と円柱の線で接触します。その結果、だれが使っても、すぐに、同一音を連続的に発することができるようになりました。

●「【書類名】　明細書」の書き方の要点

「【書類名】　明細書」が発明の○○の作品を説明するための本論です。一番大切なところです。書類がむずかしい、というのは、「明細書」がうまく書けない、ということです。

でも、普通の手紙と同じです。順序にしたがって書くだけで大丈夫です。

「明細書」は、何を、どのような目的で考えたのか。各項目にわけてまとめます。

【技術分野】は、発明の概要（あらまし）を書きます。

【背景技術】は、いままでにどんな物品の形状、構造のモノがあったのか、それには、どんな課題（問題）があったのか、【発明が解決しようとする課題】を書きます。

次に、この課題を解決するために、どのような物品の形状、構造にしたのか、その解決方法、【発明を解決するための手段】を書きます。

次は、【発明を実施するための形態】です。本発明の実施例と使い方を書きます。

以上の結果、どのような【発明の効果】が生まれたのか。……、を書きます。

書き方は、短文でいいです。個条書きでいいです。それでは、各項目を順番にまとめましょう。それを続けて書けば、特許の「明細書」になります。「明細書」は、○○○○である。～調でまとめるため、個々でも、～である。調でまとめました。

《参考文献》

特許願の書類の書き方の参考文献は、拙著『完全マニュアル！発明・特許ビジネス』（日本地域社会研究所）、『はじめの一歩 一人で特許の手続きをするならこの1冊 改訂版』（自由国民社刊）などがあります。

斜視図「立体図」を描くための参考文献は、拙著、『3D「立体図」作画の基礎知識』（日本地域社会研究所刊）、『これでわかる立体図の描き方（基礎と演習）』（パワー社刊）、『これでわかる―製図の基礎―第三角法・第一角法・立体図』（パワー社刊）などがあります。

2.「明細書」の形式とまとめ方

出願の書類の中で「明細書」のまとめ方が一番むずかしい、と一般的にいわれています。

では、ここで、まとめ方を体験しましょう。そして、形式通りにまとめてみましょう。すると、簡単にまとめられることがわかります。

「特許請求の範囲」、「要約書」は、「明細書」の内容の一部をコピペすれば作成できます。

コピペとは、「コピーアンドペースト（Copy and Paste）」の略語です。

コピーは、複製です。ペーストは、貼りつけることです。

●題材「拍子木」の先行技術（先願）を調べてみよう

先行技術（先願）を調べ方の練習問題です。題材は、拍子木です。

「特許情報プラットフォーム（J-PlatPat）」を開いて、拍子木について、どのような先行技術（先願）があるか、調べてみましょう。

特許情報プラットフォーム（J-PlatPat）を開いてください。↓「簡易検索」の画面が表示されます。「○四法全て◎特許・実用新案○意匠○商標」の中から「◎特許・実用新案」を選びます。「◎特許・実用新案」の「入力ボックス」に検索のキーワードを入力します。たとえば「拍子木」と入力します。↓「検索」をクリックしてください。↓文献番号が表示されます。「文献番号」をクリックしてください。発明の「書誌＋図面」が表示されます。その画面の下のほうをみてください。「要約＋請求の範囲＋詳細な説明＋図面」が表示されます。「要約」↓「開く」

にしてください。内容がみれます。同じ要領で、「請求の範囲」、「詳細な説明」、「図面」↓「開く」にしてください。内容がみれます。

「拍子木」に関する情報がみつかります。「明細書」の形式に、あなたの作品の内容を整理してくださいね。従来の問題（欠点）は、工夫したところは、発明の効果は、……、各項目をまとめます。

◆「明細書」の形式

【書類名】　明細書
【発明の名称】
【技術分野】
【０００１】
【背景技術】
【０００２】
【先行技術文献】

【特許文献】

【0003】

【特許文献1】

【発明の概要】

【発明が解決しようとする課題】

【0004】

【課題を解決するための手段】

【0005】

【発明の効果】

【0006】

【図面の簡単な説明】

【0007】

【発明を実施するための形態】

【0008】

【符号の説明】

【０００９】

◆そのまま使えるまとめ方◆

【書類名】　明細書
【発明の名称】　○○○○
【技術分野】
【０００１】
本発明は、……………………○○○○※に関するものである。……………………
※○○○○には、発明の名称を書きます。
【背景技術】
【０００２】
従来、……………………

……………………………………………………………………があった。

【先行技術文献】

【特許文献】

【０００３】

【特許文献１】　特開〇〇〇〇-〇〇〇〇〇〇号公報

【発明の概要】

【発明が解決しようとする課題】

【０００４】

これは、次のような欠点があった。

（イ）…………………………………………………………。

（ロ）…………………………………………。

本発明は、以上のような欠点をなくすためになされたものである。

【課題を解決するための手段】

【０００５】

……………………………………………………………………………………

…………………………
本発明は、以上の構成よりなる◯◯◯◯である。
【発明の効果】
【０００６】
（イ）……………………………………………………。
（ロ）…………………………………………………。
【図面の簡単な説明】
【０００７】
【図１】　本発明の◯◯図である。
【図２】　本発明の◯◯図である。
【発明を実施するための形態】
【０００８】
以下、本発明を実施するための形態について説明する。
……………………………………………………………。
……………………………………………………。

本発明は、以上のような構成である。

本発明を使用するときは、……………………………………………………………………。

………………………………………………………………………………………………………。

【符号の説明】

【0009】
1　○○○、2　○○○、3　○○○、…　………

「【書類名】　明細書」は、以上の形式のように各項目にわけて書きます。

※紙面の都合上、本書で説明する書類の形式、用紙の大きさ（A4サイズ）、書き方は、左横書き、1行は、40字詰め、1ページは、50行以内、……、などが規則（特許法施行規則）通りになっていません。あらかじめご了承ください。

(1)「【書類名】　明細書」の書き方

【書類名】は、題名を「【書類名】　明細書」と書きます。

（2）【発明の名称】の書き方

「【発明の名称】　○○○○」のつけ方は、初歩の発明家の人が最初に悩むところです。

【発明の名称】は、だれでも、簡単明瞭に発明の内容がわかるような、普通の名称、名前を書きましょう。

たとえば、「【発明の名称】　拍子木」、……のように書きます。

少し長くなっても結構です。だけど、ネーミング（商標）をつけた名称はいけません。

（3）「【書類名】　明細書」の各項目の書き方

「【書類名】　明細書」の書き方は、次の通りです。

「【書類名】　明細書」に使える「書き方の順序」、「決まり文句」があります。

それを◆そのまま使える書き方◆として紹介します。あなたの発明（作品）をそこにあてはめて書いてください。きっと、スラスラと気持ちよく書けるハズです。

（4）【技術分野】の書き方

【技術分野】は、発明のあらましを2～3行にまとめて書きます。

「【技術分野】【0001】 本発明は、○○（何）の○○（どこ）に○○（何）をした（発明の名称）に関するものである。」……のように発明の大略を書きます。

「【発明の名称】 ○○○○」より、少しだけ、長文にして、審査官がここを読めば、本発明のアウトラインがわかるように書きます。

◆そのまま使える書き方◆

本発明は、………………………………………………………………………、（発明の名称）に関するものである。

※内容の説明は（～である。）調で書きます。

……のように、「本発明は、…………………………」……という文頭に始まり、「○○○に関するものである。」……という文末にすると書きやすいです。

本発明は、火の用心で、夜まわりをするときに使用する拍子木で、角柱と角柱の木を一対に

して、それをひもで結んだ拍子木の一方を円柱にした拍子木の改良に関するものである。

●「段落番号【0001】～」

「段落番号【0001】～」は、各々の項目の下に、【0001】、【0002】、【0003】…、のように書きます。原則として、それぞれ「【」、「】」をつけた、4桁のアラビア数字で「段落番号」をつけます。数字、カッコは、すべて全角文字です。これを「段落番号」といいます。出願後に手続補正（訂正）をしたいときに、この「段落番号」をつけていると「段落番号」ごとに補正ができます。「段落番号【0001】～」は、見本のように【技術分野】【0001】から、【符号の説明】【0009】まで、各々の項目の下の行につけます。

ただし、【発明の概要】のすぐ下の行だけには「段落番号」が不要です。

（5）「背景技術」の書き方

【背景技術】は、従来（いままで）どんな技術があったかを書きます。

本発明を考えた、以前の従来の技術、状況を説明します。つまり、○○の作品が生まれた、それ以前の技術情報を審査官に知らせる。……という意味です。

◆そのまま使える書き方◆

従来、……………………………………………………があった。

……のように書きます。

従来、火の用心で、夜まわりをするときに使用する拍子木は、角柱と角柱の木を一対にして、それをひもで結んだものがあった。

（6）【先行技術文献】の書き方

【先行技術文献】は、先願の調査をして、類似の先行技術の特許公報を知っているときは、この項目の最後の行に【特許文献1】と表示して、【特許文献1】　特開○○○○—○○○○○○号公報、と、その公報の番号を書きます。

複数あるときは、行を変えて、【特許文献2】　特開○○○○—○○○○○○号公報、……と続けて書きます。このように【先行技術文献】を書きます。

(7)【発明の概要】の書き方

【発明の概要】は、【発明が解決しようとする課題】、【課題を解決するための手段】、【発明の効果】を書きます。

いままでの発明（作品）のどこに、構造上の欠点、使い方などの課題（問題）があったのか。どんなことが要望されていたのか。

本発明で解決しようとするねらいは、何か。

従来の欠点をあげることによって、その後にのべようとする自分の発明（作品）がいかに効果的なものか、を浮きぼりにさせるわけです。

……、次のように書きます。

（8）【発明が解決しようとする課題】の書き方

◆そのまま使える書き方◆

これは、次のような欠点があった。
（イ）……………………………………………………。
（ロ）……………………………………………………。
本発明は、以上のような欠点をなくすために考えたものである。

……のように書きます。

これは、次のような欠点があった。
（イ）従来の拍子木は、互いに角柱の木の面と面で打ち合わせて、音を発するため、手元が少し斜めになると、打つ面と面の面積が異なるので同一音がでなかった。
（ロ）この拍子木を使ったとき、同一音を容易に連続的に発することはむずかしかった。

（ハ）初めて使う人は、ある程度、練習をしなければ同一音を連続的に発することはむずかしかった。

本発明は、以上のような欠点をなくすために考えたものである。

（9）【課題を解決するための手段】の書き方

【課題を解決するための手段】は、物品の形状、構造、組み合わせなど、その発明（作品）のポイントになる構成（しくみ）を書きます。つまり、本発明がどのような物品で、どのように取りつけてられているのか、などを書きます。

【課題を解決するための手段】は、【特許請求の範囲】と同じように書いてください。このとき、図面の符号と一緒に説明してください。次のように書きます。

◆そのまま使える書き方◆

何の　どこに　何を　設ける。

本発明は、以上の構成よりなる（発明の名称）である。

……のように書きます。「【書類名】　特許請求の範囲」と「要約書」の【解決手段】の書き方は、【課題を解決するための手段】と同じように書きます。

拍子木の一方を角柱（1）にして、他方を円柱（2）にして、角柱（1）と円柱（2）の木を一対にして、それをひも（3）で結んだ拍子木である。
本発明は以上の構成よりなる拍子木である。

(10)【発明の効果】の書き方

【発明の効果】は、【発明が解決しようとする課題】（イ）、（ロ）、……が、そのまま【発明の効果】（イ）、（ロ）、……につながります。

課題（問題）を解決した点、（イ）、（ロ）、……が、【発明の効果】（イ）、（ロ）、……です。

セールスポイントを書いてください。

（イ）拍子木の一方の角柱の面と、他方の円柱の線で打ち合うことができるので、手元はいつも同じ状態である。
（ロ）いつも同じ音を発するため、練習をしなくても、初心者でも容易に同一音を連続的に発することができる。

(11)「図面の簡単な説明」の書き方

【図面の簡単な説明】は、「【図1】本発明の○○図である。」のように書きます。
○○図は正面図、平面図、斜視図、分解斜視図、断面図、A―A断面図などのように図の名称を書きます。

(12)【発明を実施するための形態】の書き方

【発明を実施するための形態】は、【課題を解決するための手段】に書いた内容をさらに詳しく書きます。物品の形状、材質をあらわしたいときは、ここに書いてください。

次に、この発明品をどのようなに使うのか「使い方」を説明します。

本発明は、こういうところにも利用できる。……といった「実施例」を書いてください。

◆そのまま使える書き方◆

以下、本発明の実施をするための形態について説明すると、……………（「課題を解決するための手段」をさらに詳しく説明してください。）……………。

本発明は、以上のような構成である。

本発明を使用するときは、……………（使い方を説明する）……………。

……のように書きます。

以下、本発明の実施をするための形態について説明する。

拍子木の一方を適当な長さの角柱（1）にして、他方を適当な長さの円柱（2）にして、角柱（1）と円柱（2）の木を一対にして、それをひも（3）で結んだ拍子木である。

本発明は、以上のような構成である。

本発明を使用するときは、拍子木を両手で持って一方の角柱（1）と、他方の円柱（2）の木を打ち合わせる。

拍子木の一方が角柱で、他方が円柱の木だから、打ち合うところは、いつも面でなく線である。

なお、図2に示す握り部（4）を取りつけ、握り部（4）を人形のこけしのように男女の頭形にしてもいい。

⒀「符号の説明」の書き方

【符号の説明】は、「【符号の説明】　1　〇〇〇　2　〇〇〇　3　………」のように図の部品、要部につけた番号の名称を書きます。

3.「明細書」にまとめた「拍子木」

◆「拍子木」の「明細書」

【書類名】　明細書
【発明の名称】　拍子木
【技術分野】

【０００１】

本発明は、火の用心で、夜まわりをするときに使用する拍子木で、角柱と角柱の木を一対にして、それをひもで結んだ拍子木の一方を円柱にした拍子木の改良に関するものである。

【背景技術】

【０００２】

従来、火の用心で、夜まわりをするときに使用する拍子木は、角柱と角柱の木を一対にして、それをひもで結んだものがあった。

【先行技術文献】

【特許文献】

【０００３】

【特許文献１】　特開〇〇〇〇―〇〇〇〇〇〇〇号公報

【発明の概要】

【発明が解決しようとする課題】

【０００４】

これは、次のような欠点があった。

（イ）従来の拍子木は、互いに角柱の木の面と面で打ち合わせて、音を発するため、手元が少し斜めになると、打つ面と面の面積が異なるので同一音がでなかった。

（ロ）この拍子木を使ったとき、同一音を容易に連続的に発することはむずかしかった。

（ハ）初めて使う人は、ある程度、練習をしなければ同一音を連続的に発することはむずかしかった。

本発明は、以上のような欠点をなくすために考えたものである。

【課題を解決するための手段】

【0005】

拍子木の一方を角柱（1）にして、他方を円柱（2）にして、角柱（1）と円柱（2）の木を一対にして、それをひも（3）で結んだ拍子木である。

本発明は以上の構成よりなる拍子木である。

【発明の効果】

【0006】

（イ）拍子木の一方の角柱の面と、他方の円柱の線で打ち合うことができるので、手元はいつも同じ状態である。

（ロ）いつも同じ音を発するため、練習をしなくても、初心者でも容易に同一音を連続的に発することができる。

【図面の簡単な説明】

【0007】

【図1】本発明の斜視図である。

【図2】本発明の他の実施例を示した斜視図である。

【図3】従来の拍子木の斜視図である。

【発明を実施するための形態】

【０００８】

以下、本発明の実施をするための形態について説明する。

拍子木の一方を適当な長さの角柱（1）にして、他方を適当な長さの円柱（2）にして、角柱（1）と円柱（2）の木を一対にして、それをひも（3）で結んだ拍子木である。

本発明は、以上のような構成である。

本発明を使用するときは、拍子木を両手で持って一方の角柱（1）と、他方の円柱（2）の木を打ち合わせる。

拍子木の一方が角柱で、他方が円柱だから、打ち合うところは、いつも面でなく線である。

なお、図2に示す握り部（4）を取りつけ、握り部（4）を人形のこけしのように男女の頭形にしてもいい。

【符号の説明】

【０００９】

1　角柱、2　円柱、3　ひも、4　握り部

い、ということです。

4.「東京発明学校」で発表しよう

ここで、確認したいことは、一人で悩み、自分だけの判断で、結論をださないでいただきたい、ということです。

現在、全国五十数カ所で、毎月、1回・土曜日（または、日曜日など）に、数十名の町（個人）の発明家が集まって、「発明学校（研究会）」が開校されています。

「東京発明学校」は、毎月、第三土曜日に開校しています。「発明学校」に集まる人は、町（個人）の発明家、サラリーマン、技術者、家庭の主婦、ＯＬ、学生さんなど、じつにさまざまです。参加費（会員）は、1回、１５００円くらいです。面接で「発明体験相談（一回・一件）」も受けられます（30分以内・予約が必要です）。

たとえば、いま使っている、台所、洗面、洗濯、お風呂、トイレなどで使っている家庭用品の不便なところを改良して、試作品を持参します。その手づくりの試作品を使って、みなさんの前で、実演をしながら、作品の発表をします。

参加者は、目を輝かせながら、マイクを握る司会者、発表者の一言一句に、集中しています。

●「東京発明学校」は、情報・意見の交換ができる学習の場になっている

……、参加者が情報を提供してくれます。

参加者が作品の形状、構造（しくみ）の問題点など、前向きな意見をいってくれます。

「発明学校」には、先輩が参加しています。メンバーも大歓迎しています。

あなたも、「東京発明学校」に、出席してください。素晴らしい作品を考えたら、「東京発明学校」で発表してください。「東京発明学校」では、事前に発表の申し込みを受けつけています。

売り込み（プレゼン）の練習ができます。先輩が、親切にサポートしてくれます。メンバーも大歓迎しています。

すると、○○の作品の改良点もみつかります。レベルも高くなります。

素晴らしい作品を考えた人のスポンサーになろう。……という会社の経営者、企画、開発担当者も出席しています。形「製品」に結びつく道も開けています。

●「東京発明学校」の発表用紙の書き方

※発表用紙は、「明細書」の一部を抜粋し、コピーすれば、作成できます。

【発明の名称】　拍子木

【技術分野】

本発明は、火の用心で、夜まわりをするときに使用する拍子木で、角柱と角柱の木を一対にして、それをひもで結んだ拍子木の一方を角柱にして、他方を円柱にした拍子木の改良に関するものである。

【課題を解決するための手段】

拍子木の一方を角柱（1）にして、他方を円柱（2）にして、角柱（1）と円柱（2）の木を一対にして、それをひも（3）で結んだ拍子木である。

【発明の効果】

（イ）拍子木の一方の角柱の面と、他方の円柱の線で打ち合うことができるので、手元はいつも同じ状態である。

（ロ）いつも同じ音を発するため、練習をしなくても、初心者でも容易に同一音を連続的に発することができる。

【図１】

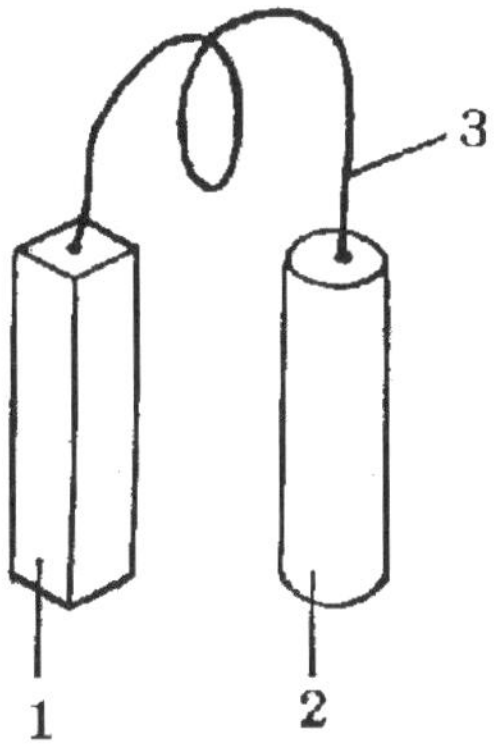

【図２】

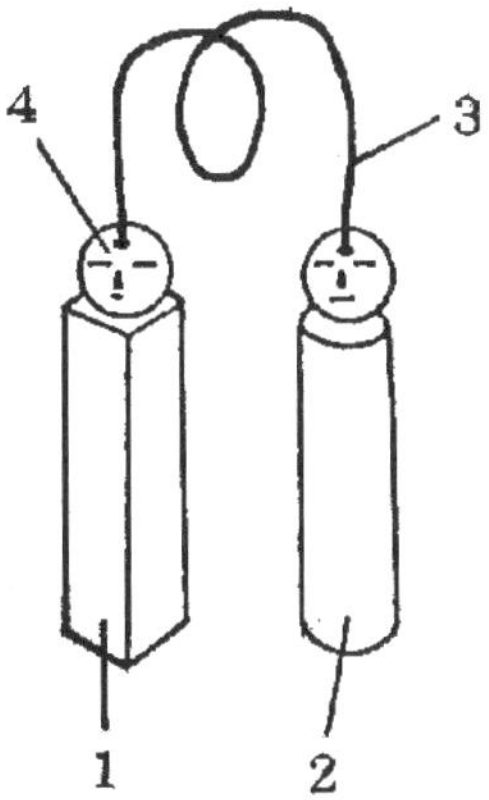

●「東京発明学校」の最寄り駅……「都営大江戸線（地下鉄）・若松河田駅」

「若松河田駅」は、「新宿西口駅」からだと二つめの駅「新宿西口駅→東新宿駅→若松河田駅」です。改札口を出た真正面に案内用の地図があります。その地図に、一般社団法人 発明学会の場所が表示されています。

地上の出口「河田口」を出て、左側方向へ、徒歩約5分の所です。

「発明学会」は、5階建ての黒っぽいビルです。会場は、3Fのホールです。

「発明学会」の場所は、あとで、詳しく説明します。

5.「発明コンクール」に応募しよう

ここで、確認していただきたいことは、「発明コンクール」のメリットです。それは、出願をしてなくても応募ができることです。協賛会社とは、秘密保持の契約をしています。

□「契約金」は、10～１００万円くらいです。
□「ロイヤリティ（特許の実施料）」は、２～５％くらいです。

発明の○○の作品も、スポーツと同じように、形「製品」に結びつく作品か〝力〟を試すときには、試合に参加してみることが一番です。それが「発明コンクール」です。

……、水準以上の作品なら形「製品」に結びつくのです。

みなさんの作品を形「製品」に結びつけてくれます。「発明コンクール」は、あなたの作品が形「製品」に結びつく、町（個人）の発明家の〝登竜門〟です。

上位に入賞すると、次のような条件で、作品が形「製品」に結びつく可能性がでてきます。

メリットの一つは、特許などの出願をしなくても応募ができることです。

応募した書類は、公開しません。入賞したら、「明細書」の書き方などを指導してくれます。

会社は、○○の作品を形「製品」に結びつけても、売れないと困るからです。

だから、その結果がわかってから出願しても遅くはないのです。何万円もの節約ができます。

また、形「製品」に結びついていない作品なら、他の「発明コンクール」に応募したものでも大丈夫です。

作品の審査をしてくれるのは、協賛会社の社長さん、企画、開発担当者です。だから、結論がでるのも早いです。形「製品」に結びつく作品を熱心に探しています。

●「発明コンクール」応募用紙の書き方

※応募用紙は、「明細書」の一部を抜粋し、コピーすれば、作成できます。

【発明の名称】　拍子木

【アイデアのセールスポイント】

本発明は、火の用心で、夜まわりをするときに使用する拍子木で、角柱と角柱の木を一対にして、それをひもで結んだ拍子木の一方を角柱にして、他方を円柱の木にした拍子木の改良に関するものである。

この拍子木を打ち合わせたとき、同じ音を発するため、練習をしなくても、初心者でも容易に同一音を連続的に発することができる。

【改良した部分、新しい構造はどこですか】

本発明は、一方を角柱（1）にして、他方を円柱（2）にして、角柱（1）と円柱（2）の木を一対にして、それをひも（３）で結んだ拍子木である。

【これを使うと、どの部分が便利になりましたか】
（イ）拍子木の一方の角柱の面と、他方の円柱の線で打ち合うことができるので、手元はいつも同じ状態である。
（ロ）いつも同じ音を発するため、練習をしなくても、初心者でも容易に同一音を連続的に発することができる。
【企業にわかっていただきたいポイント】

　本発明は、一方を角柱（１）にして、他方を円柱（２）にして、角柱（１）と円柱（２）の木を一対にして、それをひも（３）で結んだ拍子木である。

拍子木の一方の角柱の面と、他方の円柱の線で打ち合うことができるので、手元はいつも同じ状態である。

　なお、図２に示す握り部（４）を取りつけ、握り部（４）を人形のこけしのように男女の頭形にしてもいい。

【図1】

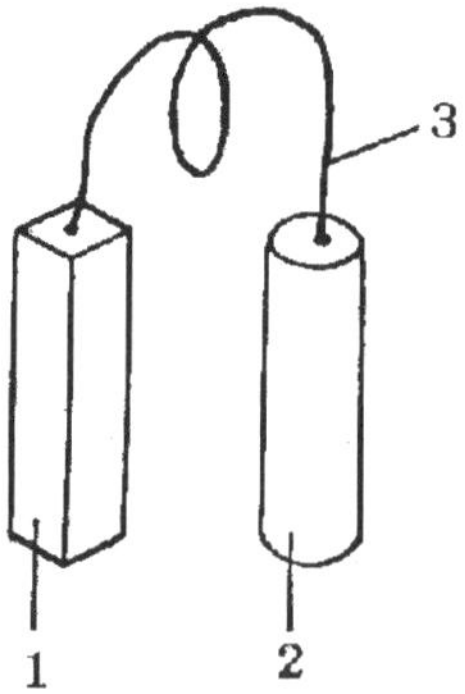

【図2】

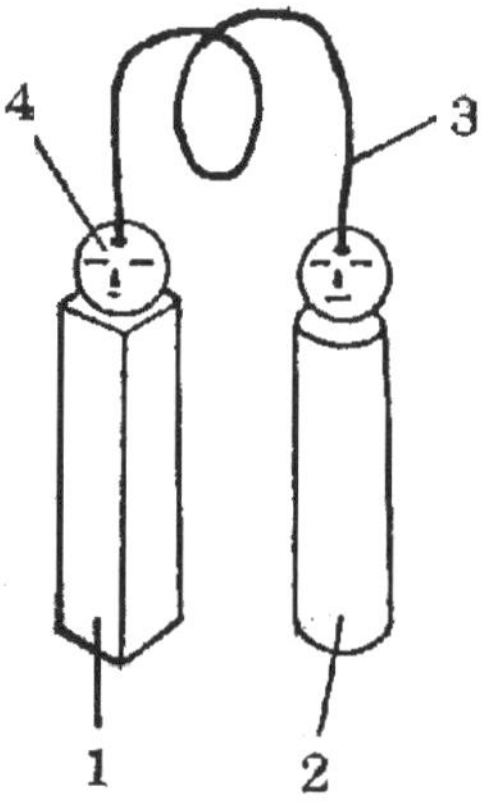

●資料が必要なときは

「東京発明学校」、「発明コンクール」などの資料が必要なときは、お手数ですが本書を読みました。……と書いて、〒162−0055　東京都新宿区余丁町7番1号　一般社団法人発明学会（会員組織）、「東京発明学校」、「発明コンクール」の資料請求、と書いて　中本 繁実 あて、返信用切手84円×8枚を同封し、請求してください。これは、読者に対するサービスです。「発明ライフ（小冊子）５００円」をプレゼントいたします。

6.「発明体験相談（一回・一件）」を活用しよう

ここで、確認していただきたいことは、「特許願」の書き方、書類の形式など、特許庁に出願してから、補正（訂正）がこないように、チェックができることです。

町（個人）の発明家の良き相談役として、頼りにされている、一般社団法人 発明学会（会員組織）では、発明家の入門者のために、「発明体験相談（一回・一件）」を行なっています。面接相談（30分以内）は、予約が必要です。

「発明体験相談」を希望されるときは、相談にこられる前に、あなたの作品に関連した情報を集めてください。図面（説明図）を描いてください。「明細書」にまとめてください。形式のチェック、書き方の添削、売り込み（プレゼン）などのアドバイスができます。

関連した情報、「明細書」の下書きは、ＵＳＢメモリーに保存しておいてください。それを相談のときに、持参してください。本書も一緒に持参してください。読者サービスです。

余談ですが、自分のために貴重な時間をつくっていただいて申し訳ない、といって、その地方のおいしいお土産を持参していただける方もいます。心遣い、とてもうれしいです。私（中本）は、洒落も大好きです。お酒も大好きです。

遠方で面接相談にこられない方のために通信で手紙の相談も行なっています。本書を読みました。……と本の書名を書いてください。作品は、形式にまとめた、「明細書」と図面（説明図）のコピーを送ってください。一言、本の感想も添えていただけるとうれしいです。

そのときのお願いです。用紙は、A列4番「A4」（横21㎝、縦29・7㎝）の白紙を使ってください。パソコンのワード（Word）、または、ていねいな字で書いて、必ず写し（コピー）を送ってください。

返信用の緒費用は、ご負担いただきます。「返信切手を貼付、郵便番号、住所、氏名を書いた封筒、または、あて名を印刷したシール」も一緒に送ってください。

「発明体験相談（一回・一件）」の諸費用は、返信用とは、別に一件、84円切手×8枚です。

〒162－0055 東京都新宿区余丁町7番1号

一般社団法人 発明学会 気付 中本 繁実 あて

■（一社）発明学会・東京発明学校の最寄り駅

「（一社）発明学会・東京発明学校」の最寄り駅は、「都営大江戸線（地下鉄）・若松河田駅」です。ＪＲなどの「新宿駅」で乗り換えるときは、都営大江戸線「新宿西口駅」をご利用ください。「新宿西口駅」から、二つめの駅「若松河田駅（新宿西口駅→東新宿駅→若松河田駅）」です。

改札口を出てください。右側の方向が「河田口（地上出口）」です。真正面の壁に案内用の地図があります。その地図に「一般社団法人 発明学会（東京都新宿区余丁町７番１号）」の場所が表示されています。

□①　地上の出口「河田口」を出てください。正面は、「青春出版社」です。最初の目標は、すぐ左側にみえる「交番」です。その道を左側方向へ歩いてください。

□②　その次の目標は、そのまま歩道を２００ｍくらい歩いてください。最初の「信号」です。左側に「毎日新聞の販売所」があります。道路をはさんで右側には、「余丁町（よちょうまち）小学校」がみえます。

□③　「毎日新聞の販売所」の角を「左折」してください。一方通行の細い道です。

□④　10ｍくらい歩いてください。そこを「右折」してください。ここも細い道です。

□⑤　そこから、２００ｍくらい歩いてください。
右側の５階建ての黒っぽいビルが「一般社団法人 発明学会」です。
「若松河田駅」から、徒歩約５分です。

読者の皆様、貴重な時間を使って、本書を最後まで読んでいただきましてありがとうございました。心から、お礼申しあげます。

あとがき（まとめ）

●私があなたの○○の作品をみてアドバイスをしましょう

本書をお読みになったあなたは、さらにたくさんの作品が生まれるようになったと思います。○○の作品が近い将来、形「製品」に結びつきそうな気がして、ワクワク、ドキドキしていると思います。

それでいいのです。でも、そのときにやっていただきたいことがあります。それは、情報を集めることです。図面（説明図）を描くことです。大きさ（寸法）を決めて、手づくりで、試作品をつくることです。「明細書」の形式に内容をつくることです。書類の下書きを作成してください。

先行技術（先願）は、特許庁の特許情報プラットフォーム（J-PlatPat）で調べられます。しかも、費用は無料です。

特許に出願するときにお金もかかります。自分で書いても、1万4000円の出願手数料（特許印紙代）と電子化手数料がかかります。

日本は、一番先に出願した人に権利をあげます。……という制度になっています。そのことを先願主義といいます。

●出願をしないと、売り込み（プレゼン）はできないのか

本来ならば、書類を作成し、出願してから、売り込み（プレゼン）をするのが一番です。

ところが、思いつきの作品で、図面（説明図）を描いていない、試作品もつくっていない、テスト（実験）もしていない、未完成の作品を急いで出願しても、どこの会社も形「製品」に結びつけましょう。……と言っていただけません。相手にしていただけません。

未完成の作品の出願は、急がなくてもいいですよ。……と説明しても、だれでも、自分の作品は最高です。……と思うものです。それで、一日も早く特許の出願の手続きをしたい、と思うのです。ところが、すでに、先願があることが多いです。

それで、大切なお金をムダづかいしている人もいます。

町の発明家の中には、私が思いついた作品を他の人（第三者）がマネをした。……という人がいます。……、それは違いますよ。発明は、図面（説明図）を描いて、大きさ（寸法）を決めて、課題を解決する方法、【課題を解決するための手段】を具体的にまとめてから、提案を

しないといけません。

　こういうものがあればいいなあー。……と、いった程度の提案では、……、情報、ありがとうございました。……といわれて、それだけで終わってしまいます。
　○○さんを、好き、と思っているだけでも、いけないのです。片思いではいけないのです。だから、好き、と伝えてください。でも、好き、というだけではいけません。相手に、大好き、といっていただけるように、口説かないといけない、ということです。発明は、何度も改良が必要だ！　ということです。そのプロセスが権利です。

●発明は、子育てと同じ、発明を育てるのは、あなた

　発明は、子育てと同じです。他力本願ではいけません。試作代、先願の調査料、出願料などの費用が大変です。それで、お金を何十万円も使ったから、といって、だれも、○○の作品が、出願＝形「製品」になるパスポートは、発行してくれません。
　○○さん、お願いしますよ。とにかく、悩んでばかりいてはいけません。その前に、第一志望の会社に、ＯＫの返事をいただけるように行動しましょう。それから、出願の準備をしておいた書類に特許印紙を貼って、手続きをしても、遅くはないのです。売り込み（プレゼン）と

同時に、形「製品」になる可能性もチェックができます。

そのとき、素晴らしい作品を盗用されたらどうしよう。……と心配な人は、○○の作品を○○年○○月○○日に考えました。……といえるように、セールスポイントや図面(説明図)、形「製品」になったときのイメージ図などを描いて、その事実を残しておくことです。それを証明できるように、公証役場を利用するのもいいでしょう。郵便局の切手の日付印（消印）を利用してもいいでしょう。

その結果、発明貧乏、出願貧乏にならないのです。そのため、出願する前に相談するほうが出願料の節約になって得策です。

そこで、作品を拝見させてください。私（中本）は、昭和55年から、約9万件の作品を指導してきました。その私が体験したことをもとに、読者のみなさんが短期間でリッチな発明ライフを楽しめるように、作品のまとめ方、売り込み（プレゼン）の手紙の書き方などのアドバイスをさせてください。

著者略歴

中本繁実（なかもと・しげみ）

1953年（昭和28年）長崎県西海市大瀬戸町生まれ。

長崎工業高校卒、工学院大学工学部卒、1979年社団法人発明学会に入社し、現在は、会長。発明配達人として、講演、著作、テレビなどで「わかりやすい知的財産権の取り方・生かし方」、「わかりやすい特許出願書類の書き方」など、発明を企業に結びつけて製品化するための指導を行なっている。初心者のかくれたアイデアを引き出し、たくみな図解力、軽妙洒脱な話力により、知的財産立国をめざす日本の発明最前線で活躍中。わかりやすい解説には定評がある。

座をなごませる進行役として、恋愛などのたとえばなし、言葉遊び（ダジャレ）を多用し、学生、受講生の意欲をたくみに引き出す講師（教師）として活躍している。洒落も、お酒も大好き。数多くの個人発明家に、成功ノウハウを伝授。発明・アイデアの指導の実績も豊富。

東京発明学校校長、工学院大学非常勤講師、家では、非常勤お父さん。

日本経営協会参与、改善・提案研究会 関東本部 企画運営委員、著作家、出版プロデューサー、１級テクニカルイラストレーション技能士。職業訓練指導員。

著書に『発明・アイデアの楽しみ方』（中央経済社）、『はじめて学ぶ知的財産権』（工学図書）、『発明に恋して一攫千金』（はまの出版）、『発明のすすめ』（勉誠出版）、『これでわかる立体図の描き方』（パワー社）、『誰にでもなれる発明お金持ち入門』（実業之日本社）、『はじめの一歩 一人で特許（実用新案・意匠・商標）の手続きをするならこの１冊　改訂版』（自由国民社）、『発明・特許への招待』『やさしい発明ビジネス入門』『マネされない地域・企業のブランド戦略』『発明魂』『知的財産権は誰でもとれる』『環境衛生工学の実践』（以上、日本地域社会研究所）、『特許出願かんたん教科書』（中央経済社）、『発明で一攫千金』（宝島社）、『発明！ヒット商品の開発』『企業が求める発明・アイデアがよくわかる本』『こうすれば発明・アイデアで一攫千金も夢じゃない！』『知識・知恵・素敵なアイデアをお金にする教科書』『誰でも発明家になれる！』『３Ｄ「立体図」作画の基礎知識』（以上、日本地域社会研究所）など多数。

監修に『面白いほどよくわかる発明の世界史』（日本文芸社）、『売れるネーミングの商標出願法』『誰でも上手にイラストが描ける！ 基礎とコツ』（共に日本地域社会研究所）などのほか、 監修／テキストの執筆に、がくぶん『アイデア商品開発講座（通信教育）』テキスト６冊がある。

発想工学《はっそうこうがく》のすすめ

2021年4月18日　第1刷発行

著　者　中本繁実《なかもとしげみ》
発行者　落合英秋
発行所　株式会社 日本地域社会研究所
〒167-0043　東京都杉並区上荻1-25-1
TEL　(03) 5397-1231 代表)
FAX　(03) 5397-1237
メールアドレス　tps@n-chiken.com
ホームページ　http://www.n-chiken.com
郵便振替口座　00150-1-41143
印刷所　中央精版印刷株式会社

ISBN978-4-89022-276-6

日本地域社会研究所の好評図書

知識・知恵・素敵なアイデアをお金にする教科書
億万長者も夢じゃない!
中本繁実著…あなたのアイデアが莫大な利益を生むかも……。発想法、作品の作り方、アイデアを保護する知的財産権の取り方までをやさしく解説。発明・アイデア・特許に関する疑問の答えがここにある。
46判180頁/1680円

AI新時代を生き抜くコミュニケーション術
大村亮介編著…世の中のAI化がすすむ今、営業・接客などの販売職、管理職をはじめ、学校や地域の活動など、さまざまな場所で役に立つコミュニケーション術をわかりやすく解説したテキストにもなる1冊。
46判157頁/1500円

誰でも発明家になれる!
できることをコツコツ積み重ねれば道は開く
中本繁実著…自分のアイデアやひらめきが発明品として認められ、製品になったら、それは最高なことである。誰にでも可能性は無限にある。発想力、創造力を磨いて、道をひらくための指南書。
46判216頁/1680円

人生遅咲きの時代　ニッポン長寿者列伝
久恒啓一編著…人生後半からひときわ輝きを放った81人の生き様は、新時代を生きる私たちに勇気を与えてくれる。長寿者から学ぶ「人生100年時代」の生き方読本。
46判246頁/2100円

現代医療の不都合な実態に迫る
患者本位の医療を確立するために
金屋隼斗著…高騰する医療費。競合する医療業界。増加する健康被害。国民の思いに寄り添えない医療の現実に正面から向き合い、現代医療の問題点を洗い出した渾身の書!
46判181頁/1500円

体験者が語る前立腺がんは怖くない
前立腺がん患者会編・中川恵一監修…ある日、突然、前立腺がんの宣告。頭に浮かぶのは仕事や家族のこと、そして治療法や治療費のこと。前立腺がんを働きながら治した普通の人たちの記録。
46判158頁/1280円

日本地域社会研究所の好評図書

三つ子になった雲
難病とたたかった子どもの物語　新装版

船後靖彦・文／金子礼・絵…MLDという難病に苦しみながら、治療法が開発されないまま亡くなった少女とその家族をモデルに、重度の障害をかかえながら国会議員になった船後靖彦が、口でパソコンを操作して書いた物語。

A5判上製36頁／1400円

思いつき・ヒラメキがお金になる!
簡単!ドリル式で特許願書がひとりで書ける

中本繁実著…「固い頭」を「軟らかい頭」にかえよう! 小さな思いつきが、努力次第で特許商品になるかも。出願、売り込みまでの方法をわかりやすく解説した成功への道しるべともいえる1冊。

A5判223頁／1900円

誰でも上手にイラストが描ける!・基礎とコツ
優れワザ知っておけば絶対トクする

阪尾真由美著／中本繁実監修…絵を描きたいけれど、どう描けばよいのかわからない。または、描きたいものがあるけれどうまく描けないという人のために、描けるようになる方法を簡単にわかりやすく解説してくれるうれしい指南書!

A5判227頁／1900円

子ども地球歳時記　ハイクが新しい世界をつくる

柴生田俊一著…『地球歳時記』なる本を読んだ著者は、短い詩を作ることが子どもたちの想像力を刺激し、精神的緊張と注意力を目覚めさせるということに驚きと感銘を受けた。JALハイク・プロジェクト50年超の軌跡を描いた話題の書。

A5判229頁／1800円

神になった猫　天空を駆け回る

一般社団法人ザ・コミュニティ編／大泉洋子・文…ゆくえの知れぬ主人をさがしてさまよい歩き、荻窪から飯田橋へ。たどり着いた街でたくさんの人に愛されて、天寿(享年26)をまっとうした奇跡の猫の物語。

A5判54頁／1000円

次代に伝えたい日本文化の光と影

三浦清一郎著…新しい元号に「和」が戻った。「和」を重んじ競争を嫌う日本文化に、実力主義や経済格差が入り込み、歪みが生じている現代をどう生きていけばよいのか。その道標となる書。

46判134頁／1400円